natürlich oekom!

Mit diesem Buch halten Sie ein echtes Stück Nachhaltigkeit in den Händen. Durch Ihren Kauf unterstützen Sie eine Produktion mit hohen ökologischen Ansprüchen:

- 100 % Recyclingpapier
- mineralölfreie Druckfarben
- Verzicht auf Plastikfolie
- Finanzierung von Klima- und Biodiversitätsprojekten
- kurze Transportwege – in Deutschland gedruckt

Weitere Informationen unter www.natürlich-oekom.de und #natürlichoekom

natürlich oekom · nachhaltig seit 1989

Diese Publikation wurde unterstützt durch den Open-Access-Publikationsfonds der Universität Leipzig. Unterstützte Person: SenProf Dr. Christian Wilhelm, Universität Leipzig, Institut für Biologie

Bibliografische Information der Deutschen Nationalbibliothek:
Die Deutsche Nationalbibliothek verzeichnet diese Publikation in der Deutschen Nationalbibliografie; detaillierte bibliografische Daten sind im Internet über www.dnb.de abrufbar.

erschienen 2024 im oekom verlag, München
oekom – Gesellschaft für ökologische Kommunikation mbH
Goethestraße 28, 80336 München
+49 89 544184 – 200
www.oekom.de

Layout und Satz: oekom verlag
Korrektur: Elena Bruns, oekom verlag
Umschlaggestaltung: Laura Denke, oekom verlag
Umschlagabbildung: © Adobe Stock: picoStudio, iiierlok_xolms, artnazu
Druck: Elanders Waiblingen GmbH, Waiblingen

ISBN: 978-3-98726-134-3
E-ISBN: 978-3-98726-399-6
https://doi.org/10.14512/9783987263996

RECYCLED
Papier aus Recyclingmaterial
FSC® C016368

CHRISTIAN WILHELM, MARKUS VOGT,
NORBERT WEISSMANN

Stolpersteine im Klimadialog

Ein Gespräch zwischen Sozialethik, Biologie und Wirtschaft

oekom

Wir widmen das Buch unseren Kindern, stellvertretend für alle Kinder der kommenden Generationen, in der Hoffnung, dass der eine oder andere Gedanke bei den Lesenden dazu führt, ein wenig mehr für den Klimaschutz zu tun und für einen ökologischen Humanismus einzutreten.

Inhalt

Vorwort

Ernst Ulrich von Weizsäcker

Das tolle Buch heißt »Stolpersteine im Klimadialog«. Ständig hören wir vom Klima. Von grausigen Wasserschäden im Ahrtal, und noch schlimmer in Pakistan, und nun in Ostafrika; von Hitzewellen, die Menschen krank machen und die Ernte verdorren lässt. Für die Zukunft rechnet man mit einem beschleunigten Anstieg des Meeresspiegels. Millionen, ja eine Milliarde Menschen würden Grund und Boden verlieren.

Unsere Zivilisation muss sich so wandeln, dass das Klima eine für unseren Planeten günstigere Richtung nimmt. Die heutige Philosophie spuckt in die falsche Richtung. Wir sind verliebt in das Prinzip »Höher, Schneller, Weiter«. Das war Jahrhunderte lang das Ziel der Zivilisation, mindestens für die Sieger. Wir Europäer – und erst recht die Nordamerikaner – liebten dieses Schnelligkeitsprinzip.

Das Thema »Klima« – in seiner heutigen Bedeutung – kam Jahrhunderte lang nicht vor. Ganz frühe Klimaforscher waren am ehesten besorgt über eine mögliche neue Eiszeit.

Der erste Durchbruch zur korrekten Klimaanalyse stammte von dem genialen schwedischen Chemiker und Physiker Svante Arrhenius. Im Jahr 1896 publizierte er in dem damals bekanntesten Journal Philosophical Magazine seinen Aufsatz »On the Influence of Carbon Acid in the Air upon the Temperature of the Ground«. Kohlendioxid und Wasserdampf in der Luft sah er – empirisch bezeugt – als Ursache einer Erwärmung der Atmosphäre an. In seinem kühlen Skandinavien betrachtete er den Effekt der Erwärmung allerdings als schöne Verheißung für eine angenehm wärmere Welt.

Gut 60 Jahre später, 1958, konnte der amerikanische Forscher Charles David Keeling die berühmt gewordene Kurve darstellen, die die jährliche Erwärmung der Lufttemperatur über dem Vulkan Mauna Loa auf der Insel Hawaii zeigte. Und nochmal 25 Jahre später, in den 1980er-Jahren, konnten französische und russische Forscher in der russischen Forschungsstation Wostok in der Antarktis die Chemie von uralten Luftbläschen im Eis entziffern. Die Luftbläschen zeigten die Korrelation von CO_2-Konzentration und Temperatur; und das für zigtausende von Jahren. Daraus entstanden die berühmten Kurven der Parallelität zwischen der Dichte der Treibhausgase und der jeweiligen Temperatur. Dieses Ergebnis führte dazu, dass die Staaten der Welt beim Weltgipfel 1992 in Rio de Janeiro die Klimakonvention beschließen konnten.

Die Klimakonvention ist die Basis für den weltweiten Klimaschutz – zur Vermeidung der ständigen Erwärmung. Wie Johan Rockström heute sagt, müssen wir die »planetaren Grenzen« unseres doch recht kleinen Planeten erkennen. Das ist in der Tat die Gefahr einer raschen Erwärmung, die alsbald zu einem Anstieg des Meeresspiegels führt. Und wir Menschen müssen aufhören mit der rasenden Ausräuberung der Metalle, des Holzes, der Böden und vor allem der Tiere und Pflanzen auf unserem kleinen Planeten. Der Club of Rome hatte schon 1972 vor den Grenzen dieses Wachstums gewarnt. Doch was ist in diesen 50 und mehr Jahren passiert? Die Ausräuberung hat sich rasant beschleunigt.

Der großartige Chemiker und spätere Nobelpreisträger Paul Crutzen hat im Jahr 2000 das Wort »Anthropozän« erfunden: Das Wort beschreibt ein geologisches Zeitalter, in dem wir Menschen (Anthropoi im Altgriechischen) mit unglaublicher Geschwindigkeit »alles verändern« und dabei leider auch sehr große Schäden anrichten. Crutzen schlug vor, die Atmosphäre so zu beeinflussen, dass die Lufterwärmung gebremst würde.

Aber er wusste auch, dass das schiefgehen kann, und dass man in der Hauptsache die Ursachen der Erwärmung anpacken muss.

Die notwendigen Schritte sind allerdings komplex und verlangen eine breite globale Zustimmung. Notwendig ist eine Transformation, die über den Klimaschutz weit hinausgeht: viele Facetten wie neue Technologien, eine alternative Ökonomie, Artenschutz und Renaturierung, soziale Nachhaltigkeit und Armutsbekämpfung.

Für das Engagement der normalen Menschen sind lange Belehrungen wenig hilfreich. Wohl aber sachliche Gespräche, relevante Beispiele, kleine Erzählungen. Das hilft dem Nachdenken. Das freut Ingenieure. Das führt zu einem Austausch über die Grundfragen der Zukunft.

Da kann und soll auch die religiöse Haltung helfen. Es ist gut, dass das Buch die Weltreligionen nennt und anspricht. Der Aufruf »Religionen – Hoffnung für eine taumelnde Welt« vom 14.9.2022 sagt zu Recht, dass die Weltreligionen für Millionen von Menschen Quelle der Hoffnung und der Kraft waren und sind. Das hilft, Angst, Egoismus und Resignation zu überwinden. »Sie sind eine Inspiration für ein universell-solidarisches Leben«. Darüber müssen die Menschen wertschätzend miteinander sprechen. Klimaschutz als reine Technik, Politik und Wissenschaft – das wäre zu flach.

Stolpersteine im Klimadialog

Ein Gespräch zwischen Sozialethik, Biologie und Wirtschaft

Klimaschutz gelingt nur, wenn möglichst viele Menschen dafür zu gewinnen sind. Die große Transformation zu einer globalen Nachhaltigkeit verlangt nicht nur technische Innovationen und ein vom Wachstum entkoppeltes Wirtschaften, sondern auch ein geändertes Verhalten, eine neue Einstellung. Der Abschied von dem Prinzip »Höher, Schneller, Weiter« fällt schwer und gelingt nur mit einer neuen Kultur des Miteinanders und des rechten Maßes. Im Gespräch darüber werden schnell Kommunikationsbarrieren deutlich: Bevormundung wie »man sich zu verhalten habe«, moralische Zurechtweisung, Besserwisserei, aber auch Faktenleugnung. In dieser Schrift wollen wir uns sachlich fundiert und dialogoffen den moralischen Ansprüchen und psychologischen Barrieren des Klima- und Umweltschutzes stellen. Es ist kein belehrender Aufsatz, sondern ein Gespräch zwischen einem Ethiker, einem Naturwissenschaftler und einem Menschen aus der Wirtschaft, die versuchen auf die Fragen einzugehen, die immer wieder in Gesprächen über den Klimawandel auftauchen und eine längere Antwort verlangen, als man sie in einem nur mündlich geführten Gespräch geben kann. Es geht um ruhiges Argumentieren, mit dem Ziel eine gemeinsame Vorstellung gelingenden Lebens zu finden. die auch in der Begrenzung materieller Güter Erfüllung findet und in tatkräftiges Handeln mündet. Wir sprechen hier bewusst von Stolpersteinen, weil negative Erfahrungen angesprochen werden, auf die wir sehr oft emotional reagieren, weil ein bislang eben gedachter Weg, sich plötzlich als steil und steinig erweist. Klimaschutz erfordert das Fallenlassen von vertrautem Denken und liebgewordenen Handlungsmustern. Dieser Prozess ist mit vielfältigen psychologischen Widerständen verknüpft, die sich als Stolpersteine im Klimadialog bemerkbar machen. Hat man sich nach dem Stolpern wieder gefangen, kann der Weg fortgesetzt werden, der zu einem Ziel führt, auf das man sich freuen kann: gutes Leben in den Grenzen des Planeten.

Was ist an unserer Situation so neu, dass alte moralische Maßstäbe neu definiert werden müssen?

Norbert Weißmann: Schon vor 2.600 Jahren empfahl der unter dem Namen Jeremia bekannte Prediger: »Baut Häuser und wohnt darin; pflanzt Gärten und esst ihre Früchte; nehmt euch Frauen und zeugt Söhne und Töchter, nehmt für eure Söhne Frauen und gebt eure Töchter Männern, dass sie Söhne und Töchter gebären; mehrt euch dort, dass ihr nicht weniger werdet. Suchet der Stadt Bestes, dahin ich euch habe wegführen lassen, und betet für sie zum Herrn; denn wenn's ihr wohlgeht, so geht's euch auch wohl« (Jer 29, 4–7). An diese Empfehlung haben sich mehr als 2.000 Jahre lang Völker gehalten, unabhängig davon welches religiöse Selbstverständnis sie hatten. Dieses Verständnis hat die Kulturgeschichte der Menschheit geprägt, warum sollte es auf einmal falsch sein?

Markus Vogt: Die Erfahrung, dass eine solide Architektur, eine auf Erfahrungswissen aufgebaute Landwirtschaft, eine wachsende Bevölkerung verbunden mit einer humanen Sozialorganisation das Leben der Menschen reicher und schöner macht, war sicher eine der starken Triebfedern menschlicher Kulturgeschichte. In der Frühzeit und selbst im Altertum waren die menschlichen Siedlungen im Vergleich zu heute eher klein, bis auf wenige Machtzentren in den Städten, die auch als Brutstätten des technischen und sozialen Fortschritts bezeichnet werden können. In dieser Phase der Menschheitsgeschichte hatten Priester und Beamte aufgrund ihres Wissens eine wichtige soziale Steueraufgabe.

Was aber in einer leeren Welt sinnvoll und fortschrittstreibend war, muss es nicht automatisch in einer vollen Welt sein.

Norbert Weißmann: Was meinen Sie mit einer »leeren« und einer »vollen« Welt?

Christian Wilhelm: Man kann das vielleicht am besten an ein paar Beispielen verdeutlichen. Wenn wir heute von den Neandertalern sprechen, denken viele von uns an ein Volk mit mindestens einigen Tausend oder Zehntausend Hominiden. In Wirklichkeit umfasste die Population vermutlich weniger als 1.000 Individuen. Europa war also, aus heutiger Sicht betrachtet, extrem dünn besiedelt. Ein anderes Beispiel. Als im Jahre 70 nach Chr. Jerusalem zerstört wurde, lebten etwa 100.000 Juden im ganzen Römischen Reich. Wie drastisch sich die Bevölkerungsdichte während der Geschichte geändert hat, zeigen diese Zahlen: Zum Zeitpunkt der Wiedergründung des Staates Israel standen 600.000 Einwanderer rund 1,2 Millionen arabischen Palästinensern gegenüber. Heute leben in Israel und den von Israel besetzten Gebieten fast 10 Millionen Menschen, in Palästina (in der Westbank und Gaza) circa 5 Millionen Menschen. In einer leeren Welt war Migration zwar auch ein riskantes Unternehmen, aber in vielen Fällen war es eine gute Lösung, traf man doch in der Regel auf kaum besiedeltes Land. In einer vollen Welt wirkt Migration für manche wie im Reflex als Angriff, da damit eine Umverteilung der Güter befürchtet wird. Je voller die Welt aber wird, und für Menschen an ihrem angestammten Ort aus verschiedenen Ursachen die Existenzgrundlage wegbricht, umso stärker wird Migration als einzige Chance für das Überleben gesehen. Hinzu kommt, dass durch das Wachsen der Weltbevölkerung immer mehr Menschen ernährt werden müssen, die landwirtschaftlichen Nutzflächen aber nicht entsprechend mitwachsen können. In einer vollen Welt kommt es notwendig zu einer Intensivierung der Flächennutzung und der damit verbundenen ökologischen Konflikte.

Norbert Weißmann: Kann der Konflikt um Raum nicht durch die verbesserte Technik gelöst werden? Noch um das Jahr 1900 ernährte ein Bauer nur 4 Menschen, während er heute mit seinen Erzeugnissen bis zu 130 Menschen satt macht?

Markus Vogt: Ja, das stimmt, aber es ist nur ein Teil der Realität. Während im Jahr 1960 weltweit noch 3.700 Quadratmeter Nutzfläche für die Ernährung eines Menschen zur Verfügung standen, sind es heute nur noch ca. 1.500 Quadratmeter. Hinzu kommt, dass diese hohen Erträge »bezahlt« werden mit einem hohen Artenverlust und mit enormen Aufwendungen fossiler Energie verbunden sind. Wir sehen aber, dass dieses kohlenstoffbasierte Weltwirtschaftsmodell auch in der Landwirtschaft auf Dauer nicht haltbar ist. Es gefährdet die Stabilität des Klimasystems und damit die Existenzgrundlagen künftiger Generationen. Die Lage spitzt sich außerdem auch zu, weil bei Starkregen wertvolle Ackerflächen durch Abschwemmung des Oberbodens verloren gehen und langanhaltende Dürreperioden in vielen Ländern die Ernteerträge drastisch reduzieren. Die Transformation zur Klimaverträglichkeit ist daher moralisch ebenso geboten wie die Abschaffung der Sklaverei und die Ächtung der Kinderarbeit.

Norbert Weißmann: Das sind eine Reihe von Behauptungen, die viele sicher nicht sofort nachvollziehen können: Klimasystem, Transformation zur Klimaverträglichkeit und dann muss das gleich moralisch geboten sein? Das klingt sehr nach moralischem Rigorismus, wie ich ihn leider immer noch von einigen Vertretern der katholischen Kirche kenne. Können Sie bitte Stück um Stück verständlich machen, was Sie meinen?

Christian Wilhelm: Den Vorwurf des moralischen Rigorismus möchte ich so nicht stehen lassen. »Moralisch geboten« heißt ja nicht die Moralkeule zu schwingen und Verdammnis anzudrohen, sondern einfach, dass sich die Situation auf dem Planeten so geändert hat, dass dem Menschen eine neue und umfangreichere Verantwortung zugewachsen ist. Wir müssen neu über das gute Handeln nachdenken, angesichts der Fähigkeiten des Menschen und der realen Zukunftsrisiken. Damit ist gemeint, dass wir in ein neues Erdzeitalter eingetreten sind, das Anthropozän, in dem der Mensch durch sein Können und seine schiere Anzahl das weitere Schicksal der Erde bestimmt. Der Klimaschutz ist nur ein Teil der neuen erdgeschichtlichen Aufgabe des Menschen.

Die Menschheitskrise im Anthropozän

Norbert Weißmann: Vielleicht erläutern Sie an dieser Stelle etwas ausführlicher, was mit Anthropozän gemeint ist.

Christian Wilhelm: Ich erinnere mich noch als ich Student war, dass im Mai 1985 eine Studie veröffentlicht wurde, in der drei britische Wissenschaftler die Existenz des »Ozonlochs« über der Antarktis nachgewiesen hatten. Eilig wurden Meldungen verbreitet, dass dadurch die gefährliche ultraviolette Strahlung ungefiltert auf die Erdoberfläche eindringen könne und wir alle davon erblinden würden. In Australien wurden Sonnenbrillen und breitkrempige Hüte verteilt. Als Grund für den Ozonabbau in 30 Kilometern Höhe wurden die Fluorkohlenwasserstoffe angeführt, die einen Segen für die Menschheit gebracht hatten: Sie hatten als billige Kühlmittel für die Verbreitung der Kühl- und Eisschränke und damit für eine neue Form der Vorratshaltung gesorgt. Zusätzlich füllten sie als Treibmittel die Spraydosen für viele neue Anwendungen. So konnte man ohne Pinsel Lacke schlierenfrei auftragen oder Dauerwellen stabilisieren. Horrorgeschichten von UV-geschädigten, orientierungslosen Hasen mit grauem Star geisterten durch die Medien, nicht ohne Wirkung: Schon 1987 unterzeichneten 46 Staaten das Montrealer Protokoll zum Schutz der Ozonschicht, das bis heute 197 Länder ratifiziert haben. Die FCKWs sind aus Kühlschränken und Spraydosen verschwunden, das Ozonloch schließt sich langsam wieder. Diese Geschichte war der Beginn der Idee, ein neues Erdzeitalter auszurufen. Als Mainzer Student lernte ich Paul Crutzen kennen, der den Einfluss der Polarwolken bei der Bildung des Ozonlochs aufgeklärt hatte und dafür im Jahr 1995 den Nobelpreis für Chemie erhielt. Paul Crutzen war nicht nur ein hervorragender Chemiker, sondern auch ein Denker über den Tellerrand hinaus. Bisher waren die Erdzeitalter nach geologischen Formationen definiert worden, also zum Beispiel als Kreidezeit. Dahinter stand die Idee, dass die materielle Zusammensetzung unserer Erde, also die Gesteinsformationen, Änderungsprozesse durchläuft, die geochemisch bestimmt sind. Durch das Ozonloch und die nun verstärkt auftretende UV-Strahlung waren es nun nicht mehr natürliche geochemische Prozesse, sondern Chemikalien, die der Mensch geschaffen hatte, die das Schicksal der weiteren Erdentwicklung bestimmen würden. Vor dem Hintergrund des steigenden CO_2-Gehalts in der Atmosphäre formulierte Paul Crutzen im Jahr 2002:[1]

> »In den vergangenen drei Jahrhunderten haben die Auswirkungen des Menschen auf die Umwelt massiv zugenommen. Durch die anthropogenen CO_2-Emissionen könnte das globale Klima für viele Jahrtausende erheblich von seiner natürlichen Entwicklung abweichen. Es scheint daher angebracht, die gegenwärtige, in vielerlei Hinsicht menschlich dominierte geologische Epoche als ›Anthropozän‹ zu bezeichnen.«

Norbert Weißmann: Das klingt zunächst sehr akademisch, naturwissenschaftlich und so recht ist damit der Lebensbezug zu heute nicht klar.

Markus Vogt: Was Crutzen hier äußert, schließt sich auf das Klima bezogen an das an, was schon im Jahr 1972 der Club of Rome in seinem ersten Bericht formuliert hatte. Obwohl sich der Club of Rome geirrt hatte, was den Zeitpunkt betrifft, wann die Rohstoffe zur Neige gehen, bleibt doch die Kernaussage richtig: Es gibt planetare Grenzen. Wir haben nicht beliebig viele Rohstoffe, nicht beliebig viel Platz auf der Erde. Kurz gesagt: Die Menschheit muss sich darauf einstellen, dass der Ressourcenverbrauch die Vorräte übersteigt und die Abfälle aus dem technologischen Wachstum das Lebensgefüge auf der Erde zerstören. Dies ist die grundlegende und bislang ungelöste Herausforderung des neuen Erdzeitalters Anthropozän. Daher ist erstmalig in der Menschheitsgeschichte vorausschauendes Umsteuern nötig und damit tut sich die Menschheit schwer. Der Zusammenhang zwischen Klima und dem CO_2-Gehalt in der Luft wurde schon 1824 von Fourier entdeckt. Eunice Foote berichtete 1856, dass Kohlendioxid bei der Untersuchung verschiedener Gase den höchsten Treibhauseffekt zeigt. Der schwedische Physiker und Chemiker Svante Arrhenius berechnete schon 1896 den atmosphärischen Treibhauseffekt im Zusammenhang der Eis-Alb edo-Rückkopplung. Die Gründe dafür, dass die Erkenntnisse der Klimawissenschaftler nicht ernst genommen wurden, liegen einerseits an unserem eingeschränkten Einschätzungsvermögen der Konsequenzen von exponentiellem Wachstum, insbesondere, wenn sich dieses in langen Zeiträumen vollzieht und andererseits daran, dass, als in den 1980er-Jahren endlich ein politischer Umdenkungsprozess einsetzte, die fossilen Industrien eine jahrzehntelange Desinformationskampagne starteten, die bis heute andauert.

Norbert Weißmann: Die Durchschnittstemperatur der Erde änderte sich in den letzten Jahren. Aus menschlicher Sicht betrachtet erscheint eine Veränderung von nur rund 1,3 Grad in circa 100 Jahren extrem langsam zu sein. Trotzdem wird dieser Trend von Wissenschaftlern als sehr bedrohlich bezeichnet. Können Sie den Wahrnehmungsfehler, der uns Menschen unterläuft, an einem anschaulichen Beispiel erklären?

Christian Wilhelm: Ich erkläre es mit dem Bild, das der Club of Rome in seinem Bericht »Die Grenzen des Wachstums« aus dem Jahr 1972 benutzt hat. Stellen wir uns einen großen See vor, bei dem nur am Rand hin und wieder ein paar Seerosen zu sehen sind. Nehmen wir an, dass die Seerosen sich einmal pro Woche verdoppeln. Seerosen sind für den See nicht günstig. Sie nehmen das Licht weg. Ohne Licht kein Planktonwachstum und kein Sauerstoff, keine Wasserflöhe für die Fische, über kurz oder lang ist ein dunkler See tot. Anfangs merkt man gar nicht, dass sich die Seerosen vermehren. Dann werden es aber mehr und es gibt Leute die mahnen: Hört auf, die Seerosen zu düngen, nehmt von den Seerosen immer welche weg, sodass sie den See nicht zuwachsen. Aber man hört nicht auf sie; es sind ja noch so große Seeflächen frei. Inzwischen bedecken die Seerosen ein Viertel des Sees und die Mahner rufen: Hört auf damit, nehmt die Seerosen heraus, so gut ihr könnt denn in zwei Wochen wird der See zugewachsen sein. Doch die anderen antworten. Keine Sorge, schaut doch der See ist doch noch zu drei Viertel frei. Zwei Wochen später war der See von Seerosen vollständig überwuchert und es waren zu viele, als dass man sie hätte entnehmen können. Unser Gefühl warnt uns einfach zu spät und darin liegt die Tragik. Wir müssen dann nüchtern auf die Mathematik und die Wissenschaft vertrauen.

Norbert Weißmann: Ja, das ist ein schönes Beispiel dafür, wie wir Menschen uns bedrohliche Entwicklungen, vor denen Wissenschaftler warnen, mit unseren Alltagserfahrungen lange Zeit schönreden. Welche weiteren Beispiele gibt es dafür, dass wir schleichende Entwicklungen, die auf einen Kipppunkt zulaufen, nicht wahrnehmen oder zumindest unterschätzen? Wo müssten wir, ähnlich wie beim Montreal-Abkommen zum Schutz der Ozonschicht ganz schnell das Ruder herumreißen?

Markus Vogt: Bei den meisten menschengemachten Veränderungen sind die Auswirkungen im Alltag gar nicht so leicht sichtbar. Im Verlauf von Jahrzehnten hat sich die Biosphäre schleichend verändert. Inzwischen sind 75 Prozent der vom Menschen nutzbaren Fläche der Erde vom Menschen überformt. Die freie Natur wurde stetig zurückgedrängt und oft sogar aus Randbereichen vertrieben. Denken wir nur an die von Wildkräutern und Insekten fast völlig gesäuberten Industrie-Agrarlandschaften. Der Mensch macht inzwischen ein Drittel der Biomasse aller Landwirbeltiere aus, die Nutztiere bilden fast den ganzen Rest. Die absolute Menge der Wildtiere macht nur

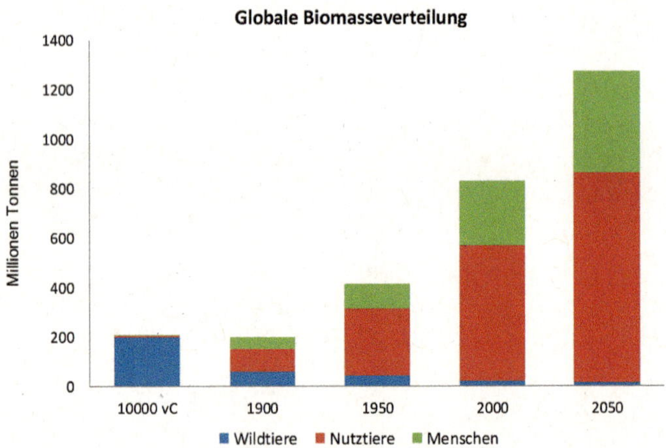

Abbildung 1 Änderung der Verteilung der globalen terrestrischen Biomasse im Laufe der letzten 12.000 Jahre.[2]

noch wenige Prozent der tierischen Biomasse aus. Abbildung 1 verdeutlicht diese Verhältnisse.

Christian Wilhelm: Von der Gesamtmenge des verfügbaren Frischwassers verbraucht der Mensch die Hälfte, vor allem für die Landwirtschaft und die Energiegewinnung. Der Mensch verändert den Säurewert der Ozeane mit der Folge, dass die Tiere, die ihre Körper aus Kalk aufbauen (Steinkorallen, Muscheln, Krebse, aber auch viele Kleinstlebewesen wie zum Beispiel die Kalkflagellaten bedroht sind, da die Bildung ihres Kalkskeletts aus dem Meerwasser unter sauren Bedingungen gestört ist. Ein gigantisches Artensterben ist bereits in vollem Gange, im Meer wie an Land: Eine Million Arten sind akut gefährdet. Man spricht vom sechsten große Artensterben in der Geschichte des Lebens auf unserem Planeten. Es treten neue Sedimente auf, die es früher nicht gab: Mikroplastik, radioaktiver Fall-out, Schichten mit Anreicherung von Schwermetallen und persistenten, sogenannten Ewigkeits-Chemikalien. Die radioaktiven Abwässer aus dem Reaktorunfall von Fukushima sollen ins Meer abgelassen werden, nachdem die japanische Regierung den Ausstieg von der Atomenergie wieder rückgängig gemacht hat. Last but not least »entsorgen« wir gasförmige Abfälle wie die Klimagase in die Atmosphäre. Das wird dauerhaft und unumkehrbar den Wärmehaushalt des Planeten verändern mit all den Folgen für die Natur, die sich während des stabilen Erdzeitalters Holozäns so vielfältig und divers ausgebildet hat. In ihrem Sachbuch »The Sixth Extinction« hebt die Pulitzer Preisträgerin Elizabeth Kolbert den drastischen Verlust an Biodiversität als Hauptmerkmal des Anthropozäns hervor.[3] Nicht erst seit der Covid-Pandemie wissen wir, dass die Zunahme an »neuen« Infektionen darauf zurückzuführen ist, dass der Mensch ständig tiefer in die Wildnis vordringt und der Natur immer weniger eigenen Platz lässt. Der Ökologe Josef Settele hat in seinem Buch »Die Triple-Krise« (Klima, Biodiversität und Pandemien) auf diesen Umstand hingewiesen.[4] Die drohende Klimakatastrophe ist also nur die Spitze des Eisberges der Veränderungen, die im Anthropozän durch den Menschen verursacht werden.

Norbert Weißmann: Als Otto-Normalverbraucher nimmt man diese Änderungen ja eher nur aus den Nachrichten wahr, ohne dass die Auswirkungen davon das eigene Leben direkt zu erreichen scheinen. Zudem klingt das eher nach einer Katastrophenvorhersage, der man sich nur sehr ungern stellen will. Zwar nehmen die Extremereignisse beim Wetter zu, aber Extreme gab es schon immer und ob die Unwetter wirklich Zeichen des Klimawandels sind, wird von einigen immer noch bestritten. Nimmt der Ausdruck des Anthropozäns nicht nur einseitig bestimmte naturwissenschaftliche Messwerte als Katastrophenvorhersage in den Blick?

Christian Wilhelm: Da haben Sie teilweise Recht. Der Begriff des Anthropozäns wird oft wie eine Katastrophenerzählung genutzt, aber diese Erzählweise ist nicht nur den Naturwissenschaftlern zu eigen. Diese pessimistische Sicht ist schon von Nietzsche als »Krankheit des Planeten« umschrieben worden. Aber nicht die apokalyptische Sicht ist das Problem, sondern der blinde Mensch gilt als die Krankheit des Planeten. Wenn die gefürchteten Szenarien wirklich wahr werden, dann stellt sich natürlich schon heute die Frage nach den Verursachern und damit die Schuldfrage.

Markus Vogt: Und damit sind wir mitten in der Umweltethik. Die Frage der Verantwortung des Menschen stellt sich bei allen Feldern, die einen Beitrag zur Klimaänderung leisten. Der rasche Anstieg der schädlichen Emissionen ist Ergebnis eines exponentiellen Wirtschaftswachstums. Die Finanzmärkte sind dabei die treibenden Kräfte. Sie kümmern sich aber nicht um die gerechte Verteilung der Erträge und der ökologischen und sozialen Kosten. Das ist auch nicht ihre Aufgabe. Es ist die

Aufgabe des Staates und internationaler Organisationen das für eine gute Entwicklung notwendige Regelwerk zu schaffen. Am Gesetzgebungsprozess sind die betroffenen gesellschaftlichen Gruppen beteiligt, wobei der Einfluss mit den ihnen jeweils zur Verfügung stehenden finanziellen Mitteln zunimmt. Geld steht den großen Industrien reichlich zur Verfügung, und von diesem Macht verleihenden Instrument machen Industrieverbände und große Konzerne reichlich Gebrauch, um die Gesetzgebung in ihrem Sinne zu beeinflussen. Daher spricht man alternativ zum Anthropozän auch von »Technozän« oder »Kapitalozän«. Allen Begriffen aber bleibt gemeinsam, dass hier menschliche Akteure als Treiber der globalen Veränderungsprozesse benannt werden. Allen Sichtweisen ist gemeinsam, dass der Mensch als der Verantwortliche identifiziert wird, der aber auch die Freiheit hat, anders zu handeln. Angesichts des offenbar katastrophalen Gesamtergebnisses wird die Schuldfrage immer drängender.

Norbert Weißmann: Das ist wohl auch die Erklärung dafür, dass auf der Klimakonferenz 2023 in Dubai von einigen Hauptverursachern der Klimaerwärmung nach massivem Druck von Seiten der Länder des globalen Südens ein Fonds eingerichtet wurde, aus dem die Länder, die kaum zur Klimaerwärmung beigetragen haben, aber am meisten unter den Folgen leiden, einen finanziellen Ausgleich für die Bewältigung der erlittenen Schäden erhalten.

Markus Vogt: Sie bringen es auf den Punkt. In Abbildung 2 sind für das Jahr 2023 die 10 Länder mit den aktuell mengenmäßig höchsten Emissionen aufgeführt. Wir sehen, dass in dieser Abbildung entweder Industrieländer, Staaten mit großer Bevölkerung oder Ölstaaten vertreten sind. Der Rest der Welt teilt sich das restliche Drittel, obwohl sie zwei Drittel der Weltbevölkerung ausmachen.

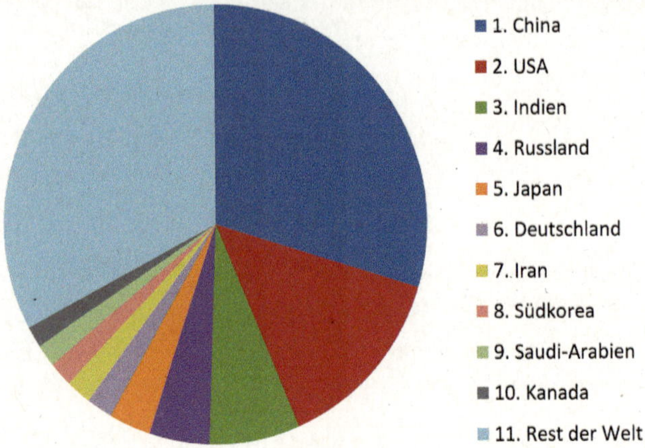

Abbildung 2 CO_2-Emissionen der Staaten mit den höchsten Emissionen.[5]

Länder mit einer viel geringeren CO_2-Freisetzung, die im Ranking erst viel weiter unten auftauchen würden, tragen aber sehr oft einen erheblichen Teil der Klimalasten, weil diese sich in den tropischen und subtropischen Regionen weit stärker auswirken als in den bislang noch gemäßigten Klimazonen. Die unterschiedliche Belastung des Planeten wird am besten durch die Emissionen pro Kopf sichtbar, die in Abbildung 3 dargestellt ist. Schon diese kleine Auswahl zeigt, dass die Menschen in den Industriestaaten den Planeten um ein Vielfaches stärker belasten als die Armen der Welt.

Hinzu kommt die unterschiedliche historische Last der Industriestaaten. Europa hat seit Beginn der Industrialisierung am meisten die Atmosphäre mit CO_2 angereichert. Damit steht heute den anderen Staaten ein kleineres Restbudget an CO_2 zur Verfügung, will man das weltweite Gesamtbudget zum Beispiel für das 2-Grad-Ziel einhalten. Man kann es sich so vorstellen:

Die Atmosphäre ist wie ein Mülleimer für Klimagase. Am Anfang wird der Eimer von den Industriestaaten gefüllt und wenn nur noch wenig Platz ist, dürfen die armen Länder auch ihr CO_2

entsorgen, bekommen aber nur noch wenig Abfallbudget zur Verfügung gestellt, da der Eimer schon fast voll ist.

Der Eimer ist dann voll, wenn so viel CO_2 in der Atmosphäre ist, dass die Erderwärmung gerade noch an der Belastungsgrenze gehalten wird, bevor das ganze System kippt und der Planet in großen Teilen unbewohnbar wird.

Norbert Weißmann: Aber gegen diese Zahlen wird eingewendet, dass wir durch unser Handeln bei einem Anteil von nur wenigen Prozent an der Emission von klimaschädlichen Gasen weltweit gar nicht viel ändern können. Da sollen doch erst einmal die großen Verschmutzer wie USA und China handeln.

Christian Wilhelm: Das klingt rein zahlenmäßig richtig. Auch wenn Deutschland quantitativ nur mit circa 2 Prozent der CO_2-Emission zum Klimawandel beiträgt, ist unsere Verantwortung weit größer. Einmal weil geschichtlich gesehen, also seit dem Beginn der Industrialisierung gerechnet, zunächst die Industrie-

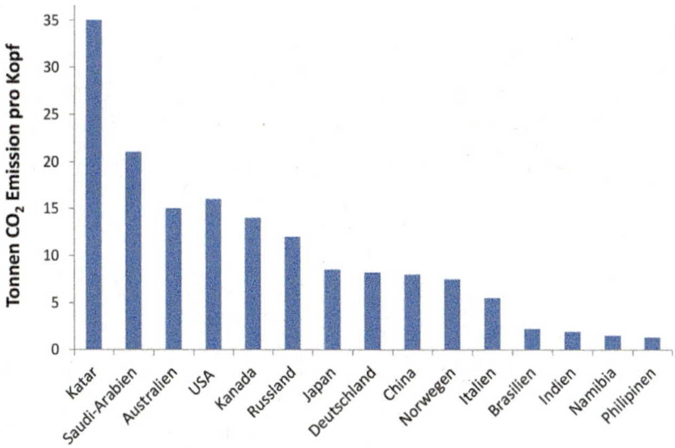

Abbildung 3 Vergleich der Pro-Kopf-CO_2-Emissionen in den 10 Staaten mit den höchsten Pro-Kopf-Werten im Vergleich mit großen Ländern des Südens.[6]

staaten die Atmosphäre mit dem Löwenanteil belastet haben, inzwischen aber die Schwellenlänger ebenfalls einen hohen Anteil an der historischen Gesamtbelastung tragen. Die historischen Klimaschulden haben zum Beispiel die Klimakonferenz COP27 des Jahres 2022 in Ägypten intensiv und kontrovers beschäftigt. Zum Zweiten sind die Industriestaaten, wie auch Deutschland, für die globale Ausbreitung des CO_2-intensiven Wirtschafts- und Lebensstiles verantwortlich. Er ist Teil des westlichen Kulturmodells. Als Drittes ist zu bedenken, dass Deutschland einen erheblichen Teil der klimaschädlichen Produktion ausgelagert hat. Es profitiert durch den Import billiger Konsumgüter (Schuhe aus China, Textilien aus Bangladesch) und den Export von klimaschädlichen Produkten made in Germany (zum Beispiel Verbrennerautos). Als viertes Argument möchte ich schließlich anführen, dass Deutschland und Europa eine Vorbildwirkung haben und aufgrund der größeren Möglichkeiten für technische und soziale Innovationen auch eine Verantwortung, zu globaler Verbreitung klimafreundlicher Technologien beizutragen. Sie sehen, dass der geringe Beitrag unter ethischen und nicht nur unter dem Gesichtspunkt von Prozenten diskutiert werden muss.

Norbert Weißmann: Das Fairness Argument verstehe ich, wobei man uns aber zugutehalten muss, dass unsere Vorfahren am Anfang der Industrialisierung nicht wissen konnten, was sie damit anrichten. Wieso soll das eine ethische Frage sein?

Christian Wilhelm: Nehmen Sie folgendes Beispiel. Jemand hat nicht allzu viel Geld, um sich teure Mode leisten zu können. Er geht in ein Warenhaus sieht einen tollen und teuren Pullover und stielt ihn. Der Hausdetektiv erwischt den Dieb und stellt ihn zur Rede. Was würden Sie meinen, wie der Hausdetektiv reagiert, wenn der Dieb argumentieren würde: »Ich weiß nicht, was Sie sich so aufregen. Der Pullover macht doch nicht einmal ein Prozent des Warenwerts aus, der in ihrem Haus steht; da spielt es doch keine Rolle, wenn ein Pullover fehlt«.

Norbert Weißmann: Ich kann verstehen, was Sie meinen. Ein Diebstahl ist unmoralisch, auch wenn er nur einen kleinen Bruchteil eines anderen Eigentums betrifft. Aber zeigt uns das Beispiel nicht auch das Grundproblem? Alle anderen stehlen ja auch, die ganze Menschheit überstrapaziert das globale CO_2-Budget. Jeder Mensch ist nach dieser Interpretation ein Dieb, der mehr als ein bis 2 Tonnen CO_2 emittiert, denn das ist die Menge, welche die Natur wieder aufnehmen kann. Wenn alle anderen auch stehlen, wenn stehlen eine eingeübte Praxis ist, ja als ein Gewohnheitsrecht erscheint, warum sollte ich mich dann zurückhalten, mich in meinen Freiheiten einschränken?

Markus Vogt: Das ist eine individualethische Frage. Es ist einer einzelnen Person wirklich kaum zu vermitteln, dass sie als einzige »Dumme« freiwilligen Verzicht üben soll. Das gleiche gilt natürlich auch für Staaten und deshalb hat die Weltgemeinschaft schon seit 1979 in Klimakonferenzen um Lösungen gerungen und sich schließlich 2015 in Paris auf das 1,5-Grad-Ziel geeinigt. Die Staaten sind jetzt in der moralischen Pflicht, ihre nationalen Klimaziele umzusetzen. Tun sie es nicht, dann ist es eine Art von Diebstahl an der gemeinsamen Zukunft.

Norbert Weißmann: Wollen Sie damit sagen, dass es nur fair ist, wenn die Industriestaaten in Zukunft ihren Wohlstand aufgeben müssen? Das wäre eine Forderung, mit der Sie in einer Demokratie kaum Mehrheiten hinter sich bringen können.

Markus Vogt: Ja, für eine ausgewogenen Sichtweise ist es nötig, auch die positiven Entwicklungen im Blick zu behalten: Der Wohlstand und die Freiheitschancen in der spätmodernen Gesellschaft sind gewaltig. Der Wohlstand ist Grundlage innovativer Wissenschaft, welche die Problemlösungen für die Zukunft erarbeiten muss. Das zeigt sich ja auch als Erfolgsbilanz: Noch nie ging es so vielen Menschen auf dem Planeten so gut wie heute. Vor Corona und vor dem Angriffskrieg Russlands auf die Ukraine sank die weltweite Unterernährung stetig. Gerade das macht die Situation ethisch so brisant: Mit Hilfe der Ressourcen der Reichen wäre eine rasche Abkehr von den fossilen Energien und die Hinwendung zu nachhaltigen Formen der Landbewirtschaftung durchaus möglich. Was fehlt ist eine stringente, überzeugende Kommunikation der politisch Verantwortlichen über die Notwendigkeit eines Kurswechsels und der entschlossene politische Wille, der gesellschaftlich mitgetragen und natürlich auch, wie wir eben gesehen haben, international koordiniert werden muss.

Norbert Weißmann: Da läge es doch nahe, sich die Reaktion der Menschheit auf das Ozonloch als Beispiel zu nehmen, um schnell und konsequent gemeinschaftlich zu handeln, und damit die Katastrophe abzuwenden.

Markus Vogt: Das hat man ja auch getan. Es gibt verschiedene internationale Gremien, die von den besten Experten besetzt sind, die die Fakten des Klimawandels seit Jahrzehnten sortieren, einordnen und bewerten. Das ist zum Beispiel der Weltklimarat (IPCC – International Panel on Climate Change) der zu den Weltklimakonferenzen jeweils aktualisierte Berichte herausgibt. Die Weltklimakonferenzen finden seit 1990 jährlich statt und enden in der Regel mit Abschlusserklärungen, die nur dann gültig sind, wenn sie von allen Ländern einstimmig verabschiedet werden. Auch bereiten sie nach langen Verhandlungen Verträge vor, die von den Mitgliedstaaten ratifiziert werden. Ein Meilenstein der internationalen Vereinbarungen ist das Pariser Klimaa bkommen von 2015 als Ergebnis der 21. Klimaschutzkonferenz (COP21), das insgesamt 195 Nationen der Welt rechtsverbindlich unterschrieben haben. Dort setzte sich die Menschheit das Ziel, langfristige Risiken und Folgen des Klimawandels zu minimieren, indem sich die Staaten verpflichten, Maßnahmen zum Klimaschutz auszuarbeiten und alle 5 Jahre durch neue, strengere Maßnahmen zu ersetzen. Als Ziel wurde formuliert, die globale Erwärmung auf möglichst 1,5 °C gegenüber dem vorindustriellen Niveau zu begrenzen. Dieses Ziel wird allerdings inzwischen als nicht mehr erreichbar angesehen, weil die meisten Unterzeichnerstaaten die selbst gesetzten Ziele verfehlen. Dass dies eine Vertragsverletzung in einer Existenzfrage der Menschheit darstellt wird auch bei uns nicht genügend ernst genommen. Beim Montreal-Abkommen wurden die Stoffe, welche die Ozonschicht zerstören, weltweit verboten. Um das Klima zu retten wäre eine sehr schnelle Abkehr von fossilen Energieträgern, also vor allem Kohle, Öl und Gas nötig. Dieser Schritt der internationalen Gemeinschaft steht noch aus.

Viele Wähler, auch in unserem Land, denken, dass Klimaschutz und Wohlstand allein durch technische Innovationen zu bekommen sind. Die Wende ist aber nur durch sehr umfassende wirtschaftliche, technische und soziale Änderungen zu erreichen. Daher spricht man auch von der Notwendigkeit einer »Großen Transformation«, die neben der wirtschaftlich-technischen Seite auch eine soziale Komponente hat. Es geht letztlich um eine Neuausrichtung der menschlichen Kultur hin zu einer umfassenden öko-sozialen Nachhaltigkeit.

Norbert Weißmann: Ist diese Zögerlichkeit nicht auch verständlich? Wir haben doch gesehen, dass das Ozonloch wie übrigens auch der saure Regen Beispiele dafür sind, wie die Menschheit globale bzw. überregionale Probleme in den Griff bekommen hat. Das Verbot von FCKWs im Montreal-Abkommen von 1987 und der Bau von Entschwefelungsanlagen in Kraftwerken haben dazu geführt, dass sich die Ozonschicht wieder schließt und die Wälder nicht am sauren Regen kaputt gegangen sind. Diese Erfolge werden heute als Beispiel dafür angeführt, dass die Klimaaktivisten übertreiben würden, es sei ja noch nie so schlimm gekommen, wie es die Untergangspropheten vorhergesagt haben: Die Wälder sind nicht am sauren Regen gestorben. Warum soll das beim Klimawandel anders sein?

Markus Vogt: Der Vergleich mit dem Montreal-Abkommen hinkt aus einem ganz entscheidenden Grund: Die Wissenschaft fordert seit Jahrzehnten einen Ausstieg aus den fossilen Energieträgern, deren Einsatz erreicht aber Jahr für Jahr neue Rekordwerte, statt zurückzugehen. Das Montreal-Abkommen war erfolgreich, weil die Staaten der Welt die Herstellung von FCKW innerhalb kurzer Zeit radikal reduziert hatten. Die Abkehr vom CO_2-Ausstoß dagegen passiert allenfalls schleppend. Die Beispiele FCKW und saurer Regen zeigen außerdem ein grundsätzliches Dilemma der Umweltkommunikation: Der Erfolg von Maßnahmen, insbesondere, wenn diese vorbeugend erfolgen, wird im Nachhinein von Kritikern dahingehend interpretiert, dass die Maßnahmen gar nicht nötig gewesen wären. Ein vergleichbares Dilemma konnten wir bei Impfkampagnen sowie vorbeugenden Schutzmaßnahmen während der Corona-Pandemie beobachten. Der Klimawandel ist allerdings keineswegs nur eine Negativprognose für die Zukunft, sondern schon heute an vielen Orten der Erde beobachtbar. Er ist für unzählige Menschen bereits heute eine Tatsache. Durch die verheerenden Überschwemmungen im Ahrtal, Saarland, Baden-Württemberg und Bayern haben wir die Erfahrung gemacht, dass auch Deutschland von massiven Auswirkungen keineswegs verschont bleibt. Gleichzeitig litten Portugal und Spanien unter der größten Dürre seit mehr als 1.000 Jahren.

Norbert Weißmann: Dagegen wenden Klimaskeptiker ein, dass Einzelereignisse aufgrund der Komplexität des Klimasystems kausal nicht eindeutig auf den Klimawandel zurückgeführt werden können.

Markus Vogt: Die Statistik spricht jedoch eine eindeutige Sprache. Ein dramatischer Wandel der Lebensbedingungen auf dem Planten Erde ist bereits heute in Gang und seine kontinuierliche Verstärkung bis zur Unbewohnbarkeit der Erde nur dann noch aufzuhalten, wenn wir entschieden handeln. In nächsten Gesprächsterminen wollen wir besprechen, warum die Klimakatastrophe sich von den bisher überstandenen Umweltkrisen grundlegend unterscheidet. Weil viele einmal eingetretene Zerstörungen in Zukunft nicht mehr rückgängig zu machen sind, ist eine Neuausrichtung der menschlichen Kultur hin zu einer umfassenden öko-sozialen Nachhaltigkeit zwingend geboten.

Norbert Weißmann: Ein Kulturwandel hin zu öko-sozialer Nachhaltigkeit, wie Sie sagen, würde bedeuten, dass die Verhinderung der Klimakatastrophe nicht nur Veränderungen in den Bereichen Technik, Naturwissenschaften, Wirtschaft und im Sozialwesen verlangt, sondern in unserem Denken, wie wir uns als Menschen selbst verstehen. Ist der Mensch nicht überfordert, wenn er nun für alles verantwortlich gemacht wird? Aus religiöser Sicht klingt die These der neuen erdgeschichtlichen Epoche des Anthropozäns sehr überheblich. Der Mensch schwingt sich auf, Ingenieur einer neuen Welt zu sein. Kann das gut gehen? Sollte man das nicht lieber dem Schöpfer überlassen?

Christian Wilhelm: Da sprechen Sie einen wichtigen Aspekt in der Diskussion an. In der Tat gibt es bei stark religiös orientierten Menschen, besonders in konservativen und evangelikalen Kreisen, diese Meinung. Wenn der Mensch die zukünftigen Herausforderungen meistern will, dann muss er all sein modernes Können einsetzen; aber es gibt – durchaus verständlich – auch Vorbehalte gegen eine immer mächtiger werdende Technik. Die Ambivalenz so mancher Technologie bereitet ja durchaus Sorgen, denken wir nur zum Beispiel an die Großunfälle in Atomkraftwerken und die Entsorgung von radioaktiven Abfällen, die immer weiter anwachsen, ohne dass eine für Jahrmillionen sichere Entsorgung dafür bereitsteht. Der Hinweis auf diese ungelösten Risiken kann sich dann als Antimodernismus ausprägen, wie wir ihn durchaus auch in den Kirchen teilweise erleben können. Trotzdem: Die Probleme verschwinden nicht, wenn wir nur beten oder den Kopf in den Sand stecken. Es müssen für 8 Milliarden Menschen die materiellen Grundlagen für ein menschenwürdiges Leben bereitgestellt werden. Es ist nicht von der Hand zu weisen, dass neuartige (nicht nur grüne) Technologie wie zum Beispiel künstliche Milch, flächenhaftes Wassermanagement für Städte und Anbauflächen oder sogar Eingriffe in die Bio- und Stratosphäre nötig und hilfreich sein können, wie zum Beispiel das Absaugen von CO_2 aus der Atmosphäre. Dass hier ethische Konflikte auf uns zukommen wissen wir nicht erst seit der Diskussion um gentechnik-freie Lebensmittel. Über die von Ihnen angesprochene religiöse Frage, wie sich im Anthropozän das Verhältnis von Gott und Mensch gestaltet, werden wir später ausführlich reden. Es berührt einen zentralen Punkt im Verhältnis zwischen Religion und Weltverantwortung.

Norbert Weißmann: Da bin ich schon gespannt, was Sie, Herr Vogt, später noch zur Rolle der Religionen sagen werden. Trotzdem kann ich an der Stelle noch nicht lockerlassen. Man liest in letzter Zeit immer wieder, dass die Biologen eine gegenseitige Abhängigkeit zwischen dem Menschen und der Natur feststellen, dass der Mensch ohne die Vielfalt der Arten sein eigenes Überleben auf das Spiel setzt. Erhält die Natur damit nicht einen Eigenwert, der sie neben den Menschen stellt? Hat diese Einsicht auch Konsequenzen für die Theologie?

Markus Vogt: Die christliche Tradition steht ja im Ruf, durch die Gottesaussage im Schöpfungsbericht »macht euch die Welt untertan« anthropozentrisch zu sein. Obwohl seit dem ersten Bericht des Club of Rome dieser Satz unter Theologen kritisch hinterfragt und differenziert wurde, ist davon im öffentlichen Bewusstsein wenig angekommen. Es gab zwar Aufrufe zu mehr Schöpfungsverantwortung, aber die beiden wichtigsten Schlüsselvokabeln des Umweltdiskurses der letzten 20 Jahre, »Klimawandel« und »Nachhaltigkeit«, kamen vor der Enzyklika Laudato si' von Papst Franziskus aus dem Jahr 2015 nicht ein einziges Mal in der päpstlichen Lehrverkündigung vor. In Laudato si' hob der Papst ausdrücklich den Eigenwert der Schöpfung und die existentielle Verbundenheit aller Kreaturen – also auch des Menschen – hervor. Die Sichtweise, dass der Mensch seine volle Bestimmung nur im gleichberechtigten Miteinander mit seinen Mitgeschöpfen erfüllen kann, wird hier erstmalig klar formuliert und als notwendige Haltung im Anthropozän postuliert. Die konkreten Auswirkungen dieses neuen Denkens sollten wir später noch einmal genauer besprechen.

Christian Wilhelm: Ich möchte unser bisheriges Gespräch wie folgt zusammenfassen: Die Überformung weiter Teile des Planeten durch den Menschen, das Anthropozän ist eine Tatsache, die man nicht leugnen kann und diese stellt die Menschheit vor eine ganz neue und in der Größe bislang nicht bekannte Aufgabe. Die Verantwortung des Menschen hat objektiv eine neue Größenordnung erreicht. Wenn wir die Errungenschaften der Humanität in die Zukunft retten wollen, müssen wir in den vier Dimensionen »Technik«, »Biodiversität«, »Wirtschaft« und »humanes Selbstverständnis« neu denken.

Was im Anthropozän anders ist als in der bisherigen Menschheitsgeschichte

Norbert Weißmann: Die neue Dimension der Verantwortung des Menschen kann ich gut nachvollziehen. Ich denke, es könnte hilfreich sein, zu verstehen, wie frühere Kulturen auf Klimaveränderungen reagiert haben.

Christian Wilhelm: Natürlich ist der Rückblick in die Geschichte hilfreich. Allerdings fürchte ich, dass wir davon für unsere Situation nicht allzu sehr profitieren können, weil sich nicht nur die Klimabedingungen, sondern die gesamte soziale Situation geändert hat. Wir wissen, dass die Migration des Menschen ein kulturtreibender Faktor war. So ist zum Beispiel die Himmelsscheibe von Nebra ein Beweis für interkulturellen Austausch schon zu Beginn der Kulturgeschichte. Die Scheibe wurde 1995 in Sachsen-Anhalt gefunden und wird auf die Zeit zwischen 1700 und 2100 vor Christus datiert. Es konnte gezeigt werden, dass das Kupfer der Scheibe aus Erzminen im heutigen Österreich stammt, das Gold wahrscheinlich aus dem Fluss Carnon in Cornwall. Offenbar war schon damals die Mobilität der Menschen enorm und kulturtreibend. Geht man noch weiter in der Geschichte zurück, zum Beispiel zu den Neandertalern, müssen wir uns bewusst sein, dass ihre regionale Bevölkerung wahrscheinlich nur aus wenigen hundert Menschen bestand. Wenn die Gruppe zu groß wurde, sind Teile einfach auf Wanderschaft gegangen und haben andere noch menschenleere Räume besiedelt. So ist das Nomadentum eine alte Kulturform, bei der Menschen aus wirtschaftlichen Gründen eine nicht-sesshafte Lebensweise führten: Ihre Wanderungen folgten einem Muster, das auch von schwankenden klimatischen Bedingungen bestimmt wurde. Nomaden wurden zuweilen sesshaft, wie zum Beispiel die Ungarn, die erst 1000 nach Christus in Europa ankamen und im heutigen Staatsgebiet von Ungarn sesshaft wurden. Aber diese Strategie ist in einer Welt, die inzwischen 8 Milliarden Menschen beherbergt, nicht mehr möglich. Kaum ein Quadratmeter nutzbares Land ist heute leer; selbst das nicht besiedelbare Land ist oft hart umkämpft, insbesondere wenn man dort wichtige Bodenschätze erwarten kann. Nicht umsonst wollte Donald Trump, der vormalige Präsident der USA, die zu Dänemark gehörende größte Insel der Welt, Grönland, kaufen. So abstrus uns das in der heutigen Zeit erscheinen mag, aber dahinter zeigt sich das Problem einer globalen vollen Welt: Es gibt kaum noch nicht genutzte räumliche Potentiale. Das hat sehr harte moralische Konsequenzen: Wir können kein neues Land finden, sondern wir müssen es teilen, wie es zum Beispiel beim 1961 in Kraft getretenen Antarktis-Vertrag gelang.

Norbert Weißmann: Das ist ein gut nachvollziehbares Argument. Aber hat diese Landknappheit auch Auswirkungen auf die Entscheidungen der Bürger? Doch wohl eher nicht.

Markus Vogt: Einige Wohlhabende bereiten jetzt schon ihre Klimaflucht mit Grundstückskäufen vor. Wegen des erwarteten Meeresspiegelanstiegs kaufen sich Niederländer vermehrt Häuser und Grundstücke im Harz. Es hat sich herumgesprochen, dass Neuseeland vom Klimawandel vermutlich relativ wenig betroffen sein wird, außerdem ist es weit genug von anderen Ländern entfernt, dass man nicht mit Bootsflüchtlingen rechnen muss. Nachdem dies bekannt wurde, hatte der Landkauf durch Ausländer zunächst stark zugenommen, wurde aber inzwischen von der neuseeländischen Regierung stark eingeschränkt.[7] In Deutschland kaufen international agierende Konzerne landwirtschaftliche Nutzflächen auf, wenn Bauern ihre Höfe wegen des fehlenden Nachwuchses nicht mehr bewirtschaften können. Zwar gilt ein Vorverkaufsrecht, wenn ein regionaler kaufinteressierter Landwirt vorhanden ist. Ob das ausreicht, um den Ausverkauf zu vermeiden, wird diskutiert.[8]

Norbert Weißmann: Das führt direkt zur Frage der gerechten Aufteilung der natürlichen Güter. Besitz ist nicht nur eine moralische Kategorie in den zwischenmenschlichen Beziehungen, sondern muss in Zukunft auch zwischen Völkern und Generationen geregelt werden. Das Gebot »Du sollst achten deines Nächsten Hab und Gut« bekommt damit eine globale Dimension.

Christian Wilhelm: Da haben Sie Recht. Bisher ist ja das Denken verbreitet: Was im Boden ist gehört dem, der das Land besitzt. Deswegen generieren die Ölstaaten oder Russland ihre Staatseinnahmen über den Öl- und Gasverkauf, während rohstoffarme Länder ihre Staatseinnahmen durch Arbeit erwirtschaften müssen. Dass diese Eigentumsregel eigentlich unethisch ist, hat M. Blume in seinem Buch »Wie das schwarze Gold Politik, Wirtschaft und Religionen vergiftet« ausführlich dargestellt.[9] Dramatisch ist das Verteilungsproblem bei der Nutzung der Atmosphäre. Würden wir nur so viel CO_2 freisetzen, wie die natürlichen Prozesse wieder aufnehmen, stünde jedem Menschen nur ein Budget von circa 2 Tonnen CO_2 pro Jahr zur Nutzung der Atmosphäre als CO_2-Abfalleimer zur Verfügung. Wir Deutschen emittieren aber im Durchschnitt die fünffache Menge, die uns eigentlich zusteht. Diese Übernutzung wird von den zukünftigen Generationen aller Länder durch Wohlstandseinschränkungen bezahlt.

Norbert Weißmann: Im Gegensatz zum Gewinn aus dem Verkauf von Bodenschätzen sind die bei der Produktion und dem Verbrauch verbundenen Schäden doch gar nicht zu erfassen. Wie will man den Preis von CO_2-bedingten Umweltschäden berechnen? Führt das am Ende nicht dazu, dass alle noch zum größten Teil freien Güter wie beispielsweise Wasser, Sonnenlicht, Wind am Schluss mit Preisen belegt werden müssen? Wie soll das gehen?

Markus Vogt: Sie haben ein wichtiges Problem angesprochen. Aus diesen Gründen muss der globale Finanzausgleich möglichst früh geregelt werden und die letzten Weltklimakonferenzen haben damit begonnen. Wenn wir auf die innerstaatlichen Regelungen schauen, dann ist ja längst Konsens, dass Schäden, die der einzelne unvermeidbar anrichtet, auch durch Geld ausgeglichen werden. Für jeden Liter Wasser bezahlen wir eine Abwassergebühr. So sind die Entsorgungskosten für Schmutzwasser in der Regel sogar höher, als für das hochwertige Gut des Trinkwassers. Die Entsorgungskosten sind dabei nicht beliebig festgelegt, sondern errechnen sich aus den notwendigen Aufwendungen. Ähnlich ist es bei der Abfallentsorgung. Wir können nicht einfach unseren Müll einem anderen vor die Haustür werfen und uns so der Verantwortung für unseren Müll entledigen. Auch hier zahlen wir die Entsorgungskosten. Wer sich seines Mülls wild entledigt, begeht eine Straftat.

Norbert Weißmann: Das funktioniert so lange gut, wie man die Schadensentsorgung kostenmäßig plausibel erfassen kann; aber wie geht das beim Ausstoß von CO_2?

Christian Wilhelm: Obwohl die Klimaschädlichkeit des CO_2 schon seit den 1960er-Jahren in der Wissenschaft diskutiert wird, gibt es eine CO_2-Abgabe in Deutschland erst seit 2021. Dabei hatte die Politik den Preis auf zunächst 25 Euro pro Tonne willkürlich festgelegt. Und dies obwohl der Schaden pro Tonne CO_2 von verschiedenen Instituten als weitaus höher beziffert wurde und von dem niedrigen Einstiegspreis keine steuernde Wirkung zu erwarten war. Aufgrund der Klage von Umweltverbänden hat das Bundesverfassungsgericht entschieden, dass dies für die Erfordernisse der kommenden Generationen nicht ausreichend ist. Ab 2026 soll der Preis circa 60 Euro pro Tonne betragen. Inzwischen gibt es aber genauere Grundlagen für die Berechnung der global durch CO_2 verursachten Schäden. Danach beziffert das Umweltbundesamt einen »fairen« CO_2-Preis von 640 Euro pro Tonne.[10]

Norbert Weißmann: Dann hätte ein CO_2-Preis von 60 Euro also nur einen symbolischen Wert, weil er dem angerichteten Schaden bei Weitem nicht entspricht. Geht es also zunächst vor allem um eine lenkende Wirkung? Dann müsste der Preis vermutlich noch höher sein als 60 Euro pro Tonne, da dies nur 12,9 Cent pro Liter Benzin entspricht. Das scheint aber wiederum politisch nicht durchsetzbar zu sein.

Markus Vogt: Sie haben Recht, bei Erhöhung von Ökosteuern werden von der Boulevardpresse Schreckensgespenster an die Wand gemalt. Wenn dagegen die Ölkonzerne den Benzinpreis an der Tankstelle während eines Tages um 12 Cent steigen oder fallen lassen, dann nimmt das ein Großteil der Verbraucher mehr oder weniger achselzuckend hin. Aber neben den Kosten, gegen die sich der Konsument gar nicht wehren kann, gibt es inzwischen auch schon freiwillige CO_2-Abgaben in anderen Bereichen, bei denen die Konsumenten signalisieren, dass sie das CO_2-Problem ernst nehmen.

Norbert Weißmann: Das müssen Sie erklären.

Christian Wilhelm: Nehmen wir das Beispiel »Kompensation«. Bei dem Buchen von Flugreisen wird heute den Kunden schon angeboten, dass sie das CO2, das das Fliegen verursacht, durch eine Abgabe kompensieren können. Hier wird dann die CO_2-Emission pro Person und Flugkilometer ausgerechnet und als Kompensationspreis errechnet. Bei dem Portal »Myclimate« ergibt sich aus einem Flug von Frankfurt nach Kenia hin und zurück eine CO_2-Emission pro Person von circa 2 Tonnen. Diese kann man dann mit 60 Euro kompensieren. Das heißt hier wird ein CO_2-Preis von 30 Euro pro Tonne zugrunde gelegt. Daher publiziert die Flugindustrie, dass Fliegen durch Kompensation klimaneutral erfolgen kann. Bei einem Ticketpreis von einigen hundert Euro ist ein Aufpreis von 60 Euro hinnehmbar, wenn damit die Klimakosten bezahlt sind. Dass diese Rechnung offensichtlicher Unsinn ist, sieht man an folgendem Vergleich: Ein Durchschnittsdeutscher emittiert pro Jahr circa 10 Tonnen CO_2. Wenn wir uns bei einem CO_2-Preis von 30 Euro von allen Emissionen freikaufen könnten, müsste nur jeder Deutsche im Jahr 300 Euro bezahlen und Deutschland wäre emissionsfrei. Praktisch würde das bedeuten, wenn der Finanzminister 3 Prozent des jährlichen Steueraufkommens in CO_2-Kompensationsgeschäfte überweisen würde, wäre Deutschland bei 0 Prozent CO_2-Emissionen und wir könnten alle so weiterleben wie bisher. Das ist natürlich reiner Unsinn, weil die Kompensationen das Klimaproblem nicht lösen.

Norbert Weißmann: Wollen Sie damit alle Kompensationsanreize als sinnlos einstufen? Es waren doch gerade anerkannte gemeinnützige Organisationen wie Germanwatch, die sich bei der Gründung und Entwicklung von Atmosfair eingebracht haben?

Christian Wilhelm: Nein, erstens ist es besser wenigstens etwas als gar nichts zu tun; zweitens halten solche Angebote das Klimabewusstsein wach. Ein Fehler ist, wenn solche „Kompensationen“ als Lösungen angeboten werden. Die Online-Rechner können suggerieren, dass mit dieser Spende ein „Weiter so“ möglich ist. Die Folgen für die Gerechtigkeit zwischen den Generationen werden dann ausgeblendet, wenn man bei Kompensationen stehen bleibt und nicht zugleich den CO2-Ausstoß auf das absolute Minimum reduziert.

Markus Vogt: Die zurzeit normale Konsumpraxis folgt dem Grundsatz: »Nach uns die Sintflut«. Wir müssen daher zu einem erweiterten Gerechtigkeitsbegriff kommen, der die Natur einschließt. Das erreichen wir, indem wir den kategorischen Imperativ von Kant auf das Verhältnis zwischen den Generationen (intertemporal) ausweiten. Hans Jonas hat es auf die folgende

Formel gebracht: »Handle stets so, dass die Wirkungen Deiner Handlung vereinbar sind mit der Permanenz echten menschlichen Lebens auf Erden.« Vor diesem Hintergrund müssen wir in einer vollen Welt neue moralische und wirtschaftliche Maßstäbe formulieren und sie zu einem weltweiten Konsens führen. Eine gigantische Aufgabe, in der alle moralischen Instanzen und die wirtschaftlich Tätigen ihre Aufgabe sehen müssen.

Norbert Weißmann: Ich stimme zu und würde noch einen Schritt weitergehen. Aus der Erkenntnis heraus, dass das Individuum nicht in der Lage ist, durch seine Handlungen einen messbaren Einfluss auf die »Permanenz echten menschlichen Lebens auf Erden« zu haben, sollte man die Formel von Hans Jonas erweitern, indem man die globale Wirtschaft einbezieht, denn deren Spielregeln, beziehungsweise die Spielregeln, welche die Politik ihr auferlegt, bestimmen das Schicksal des Planeten.

Christian Wilhelm: Nachhaltigkeit, Energieeinsparung, Ressourceneffizienz und zuletzt CO_2-Neutralität sind Themen, die im Alltag vieler Unternehmen und Organisationen wie zum Beispiel auch den Kirchen bereits angekommen sind. Fast jedes Großunternehmen beschäftigt mindestens eine Klimaschutzbeauftragte und veröffentlicht regelmäßig Nachhaltigkeitsberichte über seine Geschäftstätigkeit. Woran denken Sie?

Norbert Weißmann: Auf die Wirtschaft bezogen könnte der abgewandelte Imperativ so lauten: »Stellt für Eure Produktion und den Handel solche Regeln auf, dass die Regeln allgemein einsichtig und mit der Permanenz eines guten Lebens aller Geschöpfe auf der Erde vereinbar sind.« Am Beispiel des CO_2-Preises möchte ich die Problematik erläutern. Im neuen Bericht des Club of Rome, »Earth For All«, ist das Spannungsfeld in dem sich dieses zentrale Instrument der internationalen Klimapolitik befindet, prägnant zusammengefasst:[11]

»Die CO_2-Bepreisung ist eine elegante Antwort auf ein komplexes Problem: Man erhöht die Kosten für die Freisetzung von Kohlendioxid in die Atmosphäre und lässt die Energiemärkte den Rest erledigen. Auf dem Papier mag diese Politik, konventionellem ökonomischem Denken folgend, gut aussehen, in der Praxis hat sie sich jedoch als schwach erwiesen. Seit Beginn des Emissionshandels war das jährliche Angebot an Verschmutzungsrechten zumeist höher als die Gesamtverschmutzung. Und obwohl dieses Thema seit dreißig Jahren auf der Tagesordnung steht, waren im Jahr 2020 nur 20 Prozent der weltweiten Treibhausgasemissionen durch Initiativen zur CO_2-Bepreisung abgedeckt. Von diesen 20 Prozent werden derzeit jedoch weniger als 5 Prozent (und damit nicht einmal 1 Prozent der globalen Gesamtemissionen) auf einem Niveau bepreist, das mit den Temperaturzielen des Pariser Klimaabkommens vereinbar ist.[12] Es bedarf eines Umdenkens, um Kohlendioxid gerechter zu bepreisen und die realpolitischen Bedingungen anzuerkennen. […]
[D]ie CO_2-Bepreisung [ist] politisch nur schwer durchsetzbar. Der Grund für die Unzufriedenheit der Bevölkerung ist oft nicht so sehr der Zweifel an der Notwendigkeit von Klimaschutzmaßnahmen, sondern eine Abneigung gegen Lösungen, die einkommensschwächeren Gruppen, eine zu schwere Last aufbürden. Sie misstrauen Politikern, Bürokratinnen und Eliten und haben das Gefühl, dass Ihnen die ›herrschende Klasse‹ mit Geringschätzung begegnet.[13] Wir wissen, dass die Reichen mehr von allem verbrauchen. Die Erhebung von Abgaben auf CO_2-Emissionen und deren gleichmäßige Verteilung an alle Bürgerinnen und Bürger (Stichwort Klimadividende) ist nur gerecht und spiegelt den Grundsatz, dass wir alle Hüterinnen und Bewahrer der atmosphärischen globalen Gemeingüter sind. Eine solche Maßnahme verringert zudem die Ungleichheit, weil die großen CO_2-Verbraucher

mehr zahlen müssen – und diejenigen, die wenig verbrauchen, einen Ausgleich bekommen.«

Christian Wilhelm: Dass man den Ausstoß von CO_2 mit einem Preis versieht ist also eine gute Regel, aber sie ist bei Weitem noch nicht ausreichend, weil es die Politik wegen des Drucks, der von der Industrie und Teilen der Öffentlichkeit ausgeübt wird, nicht schafft, einen ausreichend hohen Preis festzulegen oder die Kontingente so zu verknappen, dass die Instrumente die erforderliche Lenkungswirkung entfalten.

Norbert Weißmann: Eine ganz entscheidende Neuerung im Anthropozän sind die vom Menschen neu geschaffenen Instrumente und Regeln im Geschäftsleben. Denken wir an den Wertpapierhandel oder die Börse. Sie haben die Welt von Grund auf verändert. Sie ermöglichten eine rasante Industrialisierung und extremen Reichtum einiger Weniger, Wohlstand für breite Bevölkerungsschichten in den Industrienationen, führten aber auch zu den bekannten Fehlentwicklungen des Turbokapitalismus. Aufgrund ihrer Komplexität gibt es für die Finanzwirtschaft keine Kontrollmechanismen, die von der Allgemeinheit auch nur ansatzweise verstanden werden. Bei Gesetzgebungsverfahren entwarfen Beratungsunternehmen der Finanzwirtschaft sogar im Auftrag von Regierungen diejenigen Gesetze, die sie kontrollieren sollen. Das hat unter anderem zur Folge, dass es für Finanzstraftäter meistens ein Hintertürchen gibt, das ihnen erlaubt weiterhin dubiose Geschäfte zu betreiben und wenn der Schwindel auffällt, einer Bestrafung zu entgehen.

Christian Wilhelm: Stimmt! Man denke nur daran, dass es zig Jahre brauchte, bis dem Cum-Ex-Betrug endlich Einhalt geboten wurde. Bis zur Gründung der Nichtregierungsorganisation Finanzwende im Jahr 2018 gab es in Deutschland keine Gegenkraft aus der Zivilgesellschaft, die einigermaßen auf Augenhöhe mit der Lobby der Finanzindustrie agierte.

Norbert Weißmann: Ich wollte das Beispiel anführen, um zwei Dinge klarzumachen. Erstens: Im Anthropozän gibt es Regeln im Wirtschaftsleben, die von der Natur vollkommen abgekoppelt sind, die aber einen enormen Einfluss auf die Natur haben. Diese Regeln und Instrumente dürfen sich nicht weiter hemmungslos der Natur bedienen, sondern müssen auf ihre Naturverträglichkeit geprüft und zumindest an die Bedingungen der Natur angekoppelt und CO_2-neutral gestaltet werden. Ich denke da zum Beispiel an den gigantischen Energieverbrauch, der mit dem Schürfen und dem Gebrauch von Kryptowährungen verbunden ist. Aus meiner Sicht sind Bitcoins & Co. reine Spekulationsobjekte und völlig unnötig. Angesichts der aufziehenden Klimakatastrophe sollten sie wegen ihres exponentiell steigenden Energieverbrauchs international geächtet werden.

Markus Vogt: An welchen weiteren Punkt denken Sie?

Norbert Weißmann: Da möchte ich noch einmal auf das Beispiel der CO_2-Bepreisung zurückkommen. CO_2-Preis und Emissionshandel sind zwei unterschiedliche Instrumente, die den Ausstoß von Treibhausgasen verteuern beziehungsweise über die Begrenzung von Emissionsrechten in gewissen Sektoren die Verfügbarkeit von fossilen Energieträgern verknappen. Sie hätten eine sehr gute Lenkungswirkung wenn sie entschieden genug und planungssicher eingesetzt würden. Das erfordert aber, und das ist ihr Schwachpunkt, von der Politik eine gute Planung, internationale Abstimmung der Maßnahmen und vor allem auch überzeugende Kommunikation mit der Bevölkerung. Denn diese muss eine Verteuerung und Verknappung von fossiler Energie, von den sozialen Folgen her abgefedert zum Beispiel durch ein Klimageld, akzeptieren.

Markus Vogt: Die sozial gerechte Umgestaltung der Wirtschaft hin zu Klimaschutz und Nachhaltigkeit ist ganz entscheidend. Die Menschheit steht an der Schwelle zu einer planetaren Katastrophe. Weil sich diese im Gegensatz zu einem Meteoriten, der auf die Erde zurast, nur schleichend vollzieht, ist sie für die meisten Menschen, vor allem in Ländern wie Deutschland, die scheinbar noch nicht so sehr betroffen sind, nur schwer zu begreifen. Wenn die Ausgestaltung der transformierenden Gesetze nicht sozial gerecht ist und dann auch noch schlecht kommuniziert wird, dann ist der Widerstand gegen einschränkende Maßnahmen groß, denken wir an die Proteste der Gelbwesten in Frankreich gegen eine Erhöhung der Benzinpreise oder die Proteste der Bauern gegen die Kürzung der Förderung des Agrardiesels.

Christian Wilhelm: Dabei ist die Erwartungshaltung der großen Mehrheit der Menschen eine ganz andere. In der größten jemals durchgeführten Meinungsumfrage zum Klimawandel erklärten 80 Prozent der über 73.000 Befragten aus 77 Ländern, dass ihre Regierungen stärkere Maßnahmen zur Bewältigung der Klimakrise ergreifen sollten.[14] Sogar 86 Prozent erwarten, dass ihre Länder geopolitische Differenzen beiseiteschieben und beim Klimawandel zusammenarbeiten. Den Regierungen wird die größte Bedeutung für die Bekämpfung des Klimawandels beigemessen. 53 Prozent der Befragten antworten, dass ihre Besorgnis über den Klimawandel gegenüber dem vergangenen Jahr zugenommen hat. 87 Prozent der weltweit Befragten votieren für einen entschiedenen Schutz und eine Wiederherstellung der Natur, zum Beispiel durch das Pflanzen von Bäumen oder den Schutz von Wildtieren. Es ist sehr interessant, sich einmal durch die Ergebnisse der einzelnen Länder zu klicken.[15] In Ländern, die schon jetzt extrem vom Klimawandel betroffen sind, wie zum Beispiel Pakistan, Indien, Brasilien, Italien oder Spanien ist die Sorge vor den Folgen des Klimawandels sehr groß.

Norbert Weißmann: Angesichts dieser Aufgeschlossenheit der Weltbevölkerung für Klimaschutz und Naturschutz ist es erstaunlich und bedrückend zugleich, dass rechte und neoliberale Politiker und Lobby-Netzwerke, unterstützt von der Boulevardpresse und von Cyberkriminellen, immer wieder versuchen, sinnvolle Klimaschutz- oder Naturschutz-Maßnahmen – nicht alle Maßnahmen sind perfekt – als den sicheren Untergang Europas oder als den Tod des Industriestandorts Deutschland darzustellen. Die Journalistinnen Susanne Götze und Annika Joeres haben den jahrzehntelangen Desinformationskampagnen der »Klimaschmutzlobby« ein spannend zu lesendes Buch gewidmet.[16] Die Lektüre macht verständlich wie in der Vergangenheit Klimaschutz verhindert, verzögert oder zumindest abgeschwächt wurde. Das Buch ist daher auch wichtig für das Verstehen der gegenwärtigen Versuche gewisser Kreise, den Klimaschutz zu torpedieren.

Markus Vogt: Wie viel Zeit haben wir noch? Ist es denn realistisch, dass die Weltgemeinschaft schnell genug ist, eine erfolgreiche Transformation auf die Beine zu stellen?

Christian Wilhelm: Es kann nicht die Frage sein ob, sondern wie wir es schaffen. Die Zeit spielt hier eine wichtige Rolle. Die Biosphäre reagiert sehr träge auf Umweltveränderungen. Die Natur hat große Kompensationsmöglichkeiten in die Stoffkreisläufe eingebaut. Wäre dem nicht so, dann hätte die Katastrophe schon längst stattgefunden. Das ist zugleich Chance aber auch Risiko. Chance, weil wir damit noch Spielräume haben, Risiko, weil zentrale Prozesse verspätet wahrgenommen werden, wenn sie möglicherweise bereits unumkehrbar sind und dann die Katastrophe nicht mehr aufzuhalten ist.

Norbert Weißmann: So wurde seit dem Sommer 2023 beobachtet, dass der Meeresspiegel plötzlich sehr viel schneller steigt als in der Vergangenheit, ein Phänomen, für das die Wissenschaft noch keine Erklärung hat.[17]

Christian Wilhelm: Das ist ein gutes Beispiel dafür, dass man nicht weiter zuwarten darf. Wir werden weiter unten über solche Kipppunkte sprechen. So wird beispielsweise ein Großteil des überschüssigen CO_2 von den Ozeanen aufgenommen, was zwar kurzfristig dem Klima hilft, aber zu einer stetigen Versauerung der Meere und somit langfristig zur Zerstörung der Ökosysteme in den Ozeanen führen wird. Das Tückische ist, dass wir die Dramatik erst wahrnehmen, wenn es möglicherweise zu spät ist. In der Vergangenheit waren Klimaänderungen sehr langsam; sie zogen sich über tausende Jahre hin. Das gab der Natur Zeit, die notwendigen genetischen Anpassungen zu leisten und den frühen Menschen die Möglichkeit, sich zum Beispiel bei Veränderungen des Meeresspiegels in neuen Gebieten anzusiedeln. Die jetzigen Änderungen verlaufen im Zeitraum von Jahrzehnten. Die nachfolgende Abbildung belegt, dass wir die Temperaturerhöhungen der letzten Dekaden nicht mit früher vergleichen dürfen. Die Erwärmung erfolgt schneller und stärker.[18] Dabei unterscheiden sich die Rechenmodelle kaum voneinander, viel entscheidender sind Umfang und Schnelligkeit der Emission der Klimagase. Die SSP1 Szenarien modellieren, wo sich die Temperatur vermutlich einpegeln würde, wenn das errechnete CO_2-Budget eingehalten wird (was aber nicht mehr realistisch ist). Die anderen Szenarien (SSP2 bis SSP5) berechnen die Erderhitzung, wenn schwächere oder gar keine Klimaschutzmaßnahmen ergriffen werden. Das zeigt einerseits, dass das globale Gemeinschaftshandeln viel Positives bewirken kann, andererseits dass Zögern und Nichternstnehmen zu einer Katastrophe für die gesamte Zivilisation führen wird.

Norbert Weißmann: Im Augenblick werden die mit einer aktuellen Erhöhung von 1,5 Grad verbundenen Anzeichen der sich

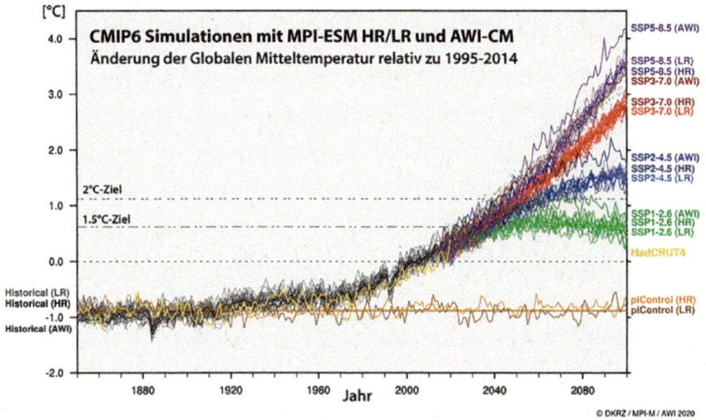

Abbildung 4 Entwicklung der globalen Temperatur von 1850 bis 2023, danach unterschiedliche Simulationskurven, denen unterschiedliche Annahmen der Klimaanpassung zugrunde liegen.[19]

anbahnenden Klimakatastrophe auch für Laien ersichtlich: Jährlich gibt es neue Hitzerekorde auf allen Kontinenten und an beiden Polen, weltweite Dürren und Flutkatastrophen sowie Korallensterben und einen drastischen Rückgang der Gletscher in Arktis, Antarktis, Himalaya, Alpen, Anden und auf Grönland. Das müsste doch eigentlich aufrütteln und auch zu einem Kipppunkt in der sozialen Akzeptanz von Klimaschutzmaßnahmen führen.

Christian Wilhelm: Eine solche Wende ist durchaus zu beobachten. So wurde in Australien 2021 die konservative Regierung trotz massiver Unterstützung durch die den Klimawandel verleugnende Presse abgewählt. In Deutschland und Europa sieht die Mehrheit der Bevölkerung mittlerweile die Klimakatastrophe als große Bedrohung an. Das Leben in Indien und China, den beiden bevölkerungsreichsten Ländern der Erde hängt von einer zuverlässigen Wasserversorgung aus dem Himalaya ab. Wenn die Gletscher schmelzen und verschwinden, stehen die angrenzenden Länder Asiens vor einer Katastrophe. Dass sich die Bevölkerungen dieser Länder des Problems durchaus bewusst sind, zeigen die Ländererergebnisse von beispielsweise Bangladesch, China, Indien, Kirgistan, Laos, Nepal und Pakistan in der oben bereits zitierten Studie.[20] Eine konzertierte Aktion der Weltgemeinschaft müsste also unmittelbar bevorstehen. Außenministerin Annalena Baerbock hatte sich zum Ziel gesetzt, die Klimaaußenpolitik in den Fokus ihrer Arbeit zu stellen. Leider wird diese Bemühung durch den Ukraine- und den Gazakrieg überschattet. Es ist tragisch, dass vor allem der Ukrainekrieg mit seinen wirtschaftlichen Folgen und der internationalen Polarisierung die Klimafrage in den Hintergrund gedrängt hat.

Norbert Weißmann: Wenn ich die Komplexität der Aufgaben – von dem Kampf gegen weitere CO_2-Emissionen bis hin zu den notwendigen Anpassungsmaßnahmen – anschaue, dann wird immer klarer, dass nicht nur wissenschaftliche Expertise von Klimawissenschaftlern, sondern von vielen anderen Disziplinen nötig ist. Welche Wissenschaften sind hier besonders gefordert?

Markus Vogt: Ich möchte hier keine Wissenschaft besonders hervorheben. Die Klimakatastrophe betrifft alle Aspekte unserer Infrastruktur, unseres Wirtschaftens und Zusammenlebens. Daher müssen sich alle Disziplinen mit den Folgen der Klimakatastrophe für ihr Fachgebiet auseinandersetzen, idealerweise mit den Fragestellungen: Was kann mein Fach zur Minderung des Treibhausgasausstoßes beitragen, was kann mein Fach zur Minderung der Folgen der Klimakatastrophe beitragen? Natürlich sind die Ökologen, Agrarwissenschaftler, Geologen, Wirtschaftswissenschaften gefragt, die aber das Studiendesign eng mit den Klimatologen und Sozialethikern besprechen müssen. Nicht zu vergessen die Medizin, da wir lernen müssen, wie wir Vorsorge treffen können, um globale Seuchen und Hitzetote zu vermeiden. Angesichts der Verstädterung der Weltbevölkerung wird die Stadtplanung in Zukunft eine überlebenswichtige Rolle spielen. Aber auch Kunsthistoriker könnten ihr Auditorium »aufwecken« wenn sie jeden Vortrag mit dem Satz beenden würden: »Im Übrigen bin ich der Meinung, dass Venedig, Rom und New York nicht im Meer untergehen sollten«, denn der buchstäbliche Untergang vieler Küstenstädte ist die sichere Konsequenz, wenn mehrere Kipppunkte fallen. Die Dialogfähigkeit zwischen den Wissenschaftsdisziplinen und ihre Vernetzung mit Entscheidungsträgern in der Politik sind entscheidend, um Fehler zu vermeiden und die Ressourcen für die Anpassung richtig zu steuern. Wichtig ist also eine neue Qualität des intra- und interdisziplinären Diskurses in und zwischen den einzelnen Fachdisziplinen. Die ökologischen Herausforderungen im Anthropozän erfordern fachübergreifendes Querschnittswissen und auch neue Forschungsansätze wie sie unter dem Begriff der »Transdisziplinären Forschung« zusammengefasst werden, bei denen auch nicht-akademische gesellschaftliche Akteure in Forschungsprojekte einbezogen werden.[21] Ich möchte betonen, dass die Wissenschaften zwar eine wichtige Rolle spielen, aber es darf nicht der Eindruck entstehen, dass die Bewältigung der Erderhitzung eine technokratische Expertenaktion ist. Schon jetzt beobachten wir eine Entfremdung vieler Menschen von der Wissenschaft. Wenn die Notwendigkeit für unpopuläre Schritte zwingend ist, haben Populisten ein leichtes Spiel, wenn sie wissenschaftliche Fakten leugnen, und damit der einfachen Lösung »weiter so« das Wort reden. Der Graben zwischen denen, die ihr altes Leben (vor den Krisen wie Pandemie, Ukraine und Klima) zurückhaben wollen und denen, die sich um eine friedliche Transformation in eine menschenwürdige Zukunft mühen, darf nicht noch tiefer werden.

Norbert Weißmann: Es muss bei allen gegensätzlichen Standpunkten und Interessen gelingen, eine gemeinsame Sprache zu finden. Vielleicht gelingt das, indem wir im Dialog miteinander Lösungsansätze formulieren, wie jede Interessengruppe ihr Weiterleben – im respektvollen Verhältnis (miteinander oder nebeneinander) zu anderen Akteuren im gemeinsamen Haus Erde – sinnerfüllt gestalten kann.

Warum ist die Erderhitzung keine Krise, sondern eine Katastrophe und was daran ist so menschheitsbedrohlich?

Norbert Weißmann: Der Begriff Klimawandel ist eine Verharmlosung, die von Frank Luntz, einem Berater der republikanischen Partei in den USA, erfunden wurde. Er riet der Bush-Regierung in den frühen 2000er-Jahren, den Begriff »global warming« (globale Erwärmung) durch den neutraleren und weniger alarmierenden Begriff »climate change« (Klimawandel) zu ersetzen.[1] Erstaunlicherweise ist diese Verharmlosung immer noch die zusammenfassende Beschreibung der immer bedrohlicheren Klimaveränderungen und auch wir verwenden diesen Begriff. Einige Zeitungsredaktionen berichten nicht mehr über den Klimawandel, sondern über die Klimakrise.[2] Mit dem Begriff »Krise« assoziiere ich eine Art dramatischer Zuspitzung in einer gefährlichen Entwicklung, die zu einem Wendepunkt führen kann. Gutes Krisenmanagement führt wieder in sichere Gefilde, schlechtes Management dagegen in das Elend. Das ist doch eine gute Beschreibung für unsere Situation. Warum dramatisieren einige so stark und sprechen gar von »Klimakatastrophe«?

Markus Vogt: Auf den ersten Blick haben Sie Recht. Eine Krise kann sich auf alles Mögliche beziehen: Beziehungskrisen, Währungskrisen, Schuldenkrisen. Allen gemeinsam ist, dass für die Betroffenen die erfahrenen Belastungen dramatisch, aber nicht lebensgefährlich sind. Eine Beziehungskrise belastet, führt nicht zwingend in direkte Existenznöte. Das gleiche gilt für Währungskrisen oder Sinnkrisen. Da kommt der Einzelne oder die Gemeinschaft wieder heraus, entweder durch eigene Kraft oder durch Hilfe von außen. Katastrophen sind aber Ereignisse, bei denen zeitgleich das Leben oder die Gesundheit einer Vielzahl von Menschen unmittelbar gefährdet ist. Ohne sofortige Hilfe kommt es zum Tod vieler Menschen. Klimabedingte Naturkatastrophen führen dazu, dass regional Versorgungsnetzwerke zusammenbrechen und Sachwerte in ungewöhnlichem Ausmaß zerstört werden. Katastrophenhilfe sichert dann nur die aktuelle Existenz, eine Rückkehr zum vorherigen Zustand durch gutes Krisenmanagement ist aber nicht mehr möglich. Die schweren Atomunfälle haben zum Beispiel gezeigt, dass in unmittelbarer Umgebung der havarierten Kraftwerke das vorherige soziale Leben nicht zurückkam. Die Bevölkerung wurde umgesiedelt. Wenn durch Klimawandel Gebiete nicht mehr bewohnbar werden, weil sie entweder in kurzen Zeitabständen überflutet werden oder durch extreme Temperaturen über 50 Grad wie im Mai 2022 in Pakistan und Indien Menschen den Hitzetod sterben, dann kann kein Krisenmanagement mehr helfen. Es droht der Existenzverlust und das ist nicht mehr Krise, sondern Katastrophe. Es gilt auf diesen Unterschied auch sprachlich hinzuweisen.

Norbert Weißmann: Wenn wir dieser Argumentation folgen, dann sind weder Klimawandel noch Klimakrise wirklich gut geeignete Begriffe zur Beschreibung der sich zuspitzenden Lage, denn die menschengemachte Erderwärmung wird mit größter Wahrscheinlichkeit auf tausende von Jahren das Schicksal des Planeten bestimmen. Aus diesem Grund verwenden wir ab diesem Punkt im Text je nach Zusammenhang neben dem etablierten Begriff »Klimawandel« – er beschreibt trotz seines verharmlosenden Charakters, dass etwas Großes, Bedrohliches geschieht – auch die zutreffenderen, alarmierenden Begriffe »Erderhitzung«, »Klimaerhitzung« oder »drohende Klimakatastrophe«.

Das Problem der Reversibilität – Kipppunkte

Norbert Weißmann: Ich verstehe, dass es Ihnen nicht nur um Wortwahl geht. Können Sie das Andersartige der drohenden Klimakatastrophe noch in weiteren Beispielen erläutern?

Christian Wilhelm: Gerne. Wenn Menschen ihre Heimat verlassen müssen, weil sich dort nicht mehr leben lässt, müssen sie auf Wanderschaft gehen oder umgesiedelt werden. Das macht erstens keiner gerne und freiwillig und zweitens ist die Frage, wo noch Platz ist für die von den Katastrophen Vertriebenen. In einer vollen Welt (siehe oben) führt das immer zu Konflikten. Konflikte um Landnutzung oder Platz in den Städten, Streit um die knappen Lebensgrundlagen wie Wasser, Nahrung, Energie. Auch die politischen Konflikte durch kulturelle Unterschiede machen Migration zu einem Problem. Je enger die Welt wird, desto härter werden die Konflikte. Zudem kommt als Folge hinzu, dass immer mehr Flächen, die bisher Naturräume waren, vom Menschen genutzt werden. Der Mensch rückt damit dem Leben wilder Tiere immer mehr auf den »Pelz«. Die Folge sind Pandemien, weil Krankheitserreger leichter vom Tier auf den Menschen übergehen können. Beispiele sind Covid 19 oder die Affenpocken. Josef Settele beschreibt daher unsere Situation als Dreifachbedrohung: Klima, Biodiversitätsverlust und Pandemien.[3] Das besonders Bedrohliche daran ist, dass sich die drei Gefahren gegenseitig verstärken.

Norbert Weißmann: Bei der Wechselwirkung von veränderter Landnutzung und Pandemien kann ich die gegenseitige Verstärkung verstehen. Aber wie funktioniert das bei Klima oder Biodiversität?

Christian Wilhelm: Der Artenverlust wird in der öffentlichen Klimadiskussion gegenüber den Schadwirkungen der Klimagase deutlich unterschätzt. Artenschutz klingt so als ginge es um den Bau von Schutzzäunen für Kröten. Es ist schön viel Natur zu haben, dafür kann man Schutzräume bauen, aber in die wirtschaftlich notwendigen Flächen darf der Artenschutz nicht hineinreden. Das ist aber objektiv falsch. Der wichtigste Puffer gegen den Anstieg der Klimagase in der Atmosphäre ist die Natur. Im Kohlenstoffkreislauf der Erde spielen mengenmäßig die CO_2-Aufnahme der Wälder, die Speicher der Moore, oder der Meere eine viel größere Rolle als die anthropogene Emission. Das macht die menschlichen Emissionen nicht weniger gefährlich. Denn wenn die Wälder und Ozeane bei der CO_2-Bindung schwächeln, hat das auf die Erderwärmung einen noch stärkeren Effekt als unsere CO_2-Einsparungstechnologien. Die Erderwärmung hängt ab von dem Gleichgewicht von Aufnahme und Abgabe von Klimagasen. Stellen Sie sich einfach eine Balkenwaage vor. Wir belasten die eine Seite, in dem wir dauernd Klimagase abladen, und von der anderen Seite nehmen wir zusätzlich auch noch immer mehr Ausgleichsmasse weg. Dann ist klar, dass wir noch schneller in eine Schieflage kommen. Entscheidend ist nun, dass die Natur umso mehr CO_2 aufnehmen kann, je mehr Arten vorhanden sind. Artenvielfalt bildet ein Netz von sogenannten ökologischen Nischen, bei dem Artengemeinschaften wie in einem Puzzle die Lücken füllen, die von den zuvor vorhandenen Spezies nicht gefüllt werden konnten. Wenn immer mehr Puzzlesteine ausfallen, entstehen immer größere Lücken, die wegen der Geschwindigkeit der Klimaveränderungen nicht mehr durch Anpassung der Artengemeinschaften ausgefüllt werden können. Die Biosphäre nimmt in ihrer Leistungsfähigkeit zur CO_2-Aufnahme ab.

Norbert Weißmann: Dann stimmt es also nicht, wenn gesagt wird: Wenn eine Art stirbt, dann kommt eben eine andere?

Christian Wilhelm: Es stimmt eben nur begrenzt. Denn die nicht angepassten Arten können die ökologischen Nischen nicht vollwertig ausfüllen und das erzeugt Lücken. So wissen wir aus der Forschung der letzten Jahre, dass die Widerstandsfähigkeit von Ökosystemen durchgängig abnimmt, wenn die Biodiversität Schaden nimmt. Das gilt für die Korallenbänke, genauso wie für landwirtschaftliche Nutzflächen in Deutschland oder Afrika[4]. Wir wissen viel zu wenig über Interaktionen, die die Puzzlestücke zusammenhalten. Wir erkennen ihre Bedeutung erst, wenn durch eine gestörte Interaktion auf einmal Kalamitäten auftreten wie Heuschreckenschwärme oder Schädlingsepidemien.

Norbert Weißmann: Sie beschreiben hier die natürlichen Netzwerke der Organismen als notwendige Klimastabilisierungsfaktoren. Gibt es auch direkte Rückwirkungen des Artensterbens auf die Klimaentwicklung.

Christian Wilhelm: Ja, am deutlichsten ist das beim südamerikanischen Regenwald. Durch die Rodung aus rein wirtschaftlichen Gründen gehen nicht nur Arten verloren, sondern es wird durch den Waldverlust das regionale Klima so verändert, dass der gesamte Regenwald in Gefahr gerät. Es regnet im Regenwald deshalb so viel, weil die Bäume viel Wasser verdunsten, es zur Wolkenbildung kommt und das Wasser an anderer Stelle wieder ausregnet. Brach- oder Sojaflächen verdunsten sehr viel weniger Wasser, die Niederschläge bleiben dann aus und der Regenwald erlebt eine Dürre. Man schätzt, dass ein Verlust von 25 Prozent des Amazonasregenwalds zu einer irreversiblen Zerstörung des gesamten Regenwalds führen wird mit einer in seinen Ausmaßen nur schwer abschätzbaren, in jedem Fall aber negativen Wirkung auf das Weltklima. Eine Rückkehr des Waldes wäre in den Zeiten unserer Zivilisation nicht mehr möglich. Die Bedeutung von Landnutzungsänderungen für das Klima sind enorm. Sie können sich wie eben kurz dargestellt sehr negativ auswirken, man kann sie aber auch zum positiven nutzen. Die Zusammenhänge sind im Buch »Aufbäumen gegen die Dürre« von Ute Scheub und Stefan Schwarzer sehr gut erklärt.[5] Das Buch macht Hoffnung, dass wir durch intelligente Raumnutzung sehr viel CO_2 binden und »fliegende Ströme« reaktivieren können. In Küstennähe stammen 99 Prozent des Regens vom Meer. Je weiter man ins Land kommt, desto höher ist der Anteil der Verdunstung und Kondensation am Regen. Diese Verdunstung (vor allem von Waldflächen) reduziert Hitzestress am Boden und verhindert das Austrockenen der Landschaften. Aufforstung, beginnend an den Küsten, kann den Transfer von Wasser in die Kontinente hinein reaktivieren und so viele Probleme, vor allem von Dürre und Hitze, aber auch von Erosion, einem Problem auf das wir bisher noch gar nicht zu sprechen kamen, lösen.

Norbert Weißmann: Offenbar braucht man heute ein enormes biologisches Wissen, um globale Gefahren zu erkennen. Können Sie ein paar weitere Beispiele nennen, wie unser Alltag von der Artenvielfalt abhängt?

Christian Wilhelm: Josef Settele, ein Insektenforscher, fragt in seinem Buch: »Was wäre, wenn es keine Insekten mehr gäbe?«[6] Da fallen den meisten von uns natürlich Bienen ein, die als Beispiel von Bestäubern eine enorme Serviceleistung für uns Menschen erledigen, für die wir nichts bezahlen müssen. Die Bedeutung der Bestäuber ist für unsere Ernährung offensichtlich. Weltweit bestäuben Insekten fast 90 Prozent aller Blüten- und 75 Prozent aller Nutzpflanzen, schreibt Settele. Klar ist, ohne Insekten hungern wir. Ohne Insekten gibt es viel weniger Vögel, weil sich viele Arten von Insekten ernähren. Ohne Insekten könnten wir den Wald nicht betreten, da es nach Aas und Schwefelwasserstoff und Ammoniak stinken würde, weil das tote Wild durch die Aaskäfer nicht mehr beseitigt würde. Kaum einer ist den Aaskäfern dafür dankbar, obwohl wir es sein müssten.

Ein zweites Beispiel. Wer kennt schon Kieselalgen? Sie sind mikroskopisch klein und unsichtbar. Was wäre, wenn sie nicht mehr da wären? Etwa 40 Prozent der Deutschen hätten kein Trinkwasser mehr, da die Kieselalgen für die Selbstreinigung der Gewässer unverzichtbar sind, ohne die wir aus unseren belasteten Gewässern kein Trinkwasser gewinnen können. Ohne Kieselalgen wären wir schon längst am Klimakollaps angekommen, binden sie doch so viel CO_2 wie der gesamte tropische Regenwald. Ein großer Teil davon an der Eiskante am Südpol, wo diese kleinen Wesen bei unwirtlichen Bedingungen (extreme Kälte, lange Dunkelzeiten in der antarktischen Nacht) eine Fotosyntheseleistung an den Tag legen wie die besten Nutzpflanzen. Es gäbe keine Krabben mehr und der Klimakatastrophe zu entrinnen, wäre chancenlos. Sind wir diesen kleinen Wesen dankbar für ihr Wirken? Interessant ist, dass die Organismengruppen, die für uns Menschen eine unschätzbar hohe Dienstleistung erbringen, eine enorme Artenvielfalt aufweisen: Die bis jetzt erforschte Artenzahl liegt bei circa 1 Million. Die tatsächliche Zahl jedoch wird um ein Vielfaches höher geschätzt.[7] Bei den Diatomeen sind heute circa 6.000 Arten beschrieben, die Gesamtzahl wird auf 100.000 Arten geschätzt.[8] Jede Art, die verloren geht, ist ein Verlust, der nicht mehr zurückgeholt werden kann. Das Artensterben ist für die Regenerierbarkeit zerstörter Landschaften ein unumkehrbarer Verlust.

Norbert Weißmann: Damit bringen Sie einen neuen Aspekt zur Sprache, die Unumkehrbarkeit von bestimmten Prozessen im Klimawandel.

Markus Vogt: Das erklärt man am besten an den sogenannten Kipppunkten, die der deutsche Klimaforscher Schellnhuber in die Diskussion eingebracht hat.[9] Wir haben schon oben gesehen, dass ein stabiles Klima das Ergebnis eines Gleichgewichts zwischen Ausstoß und Bindung von Klimagasen ist. Dieses Gleichgewicht ist nicht stabil, sondern kann sich zur einen oder anderen Seite verschieben. Wenn es in eine Schieflage kommt, kann sich das System zur Seite neigen und ab einer gewissen Schieflage fällt es wie ein schiefer Turm um. Es gibt also einen Kipppunkt. Das Tückische dabei ist, dass lange Zeit die sichtbaren Änderungen nicht so dramatisch sind und man sich in Sicherheit fühlt. Wenn der Kipppunkt erreicht ist, ist es zu spät. Ich will Ihnen das an einem Bild erklären.

Stellen Sie sich einmal einen riesigen würfelförmigen Felsen vor, der mit einer Kante im sandigen Boden steht. Man kann auf ihm klettern, nach oben steigen und die Aussicht genießen. Nun steht der Fels aber etwas abschüssig und es läuft beständig ein kleiner Bach an der Stehkante entlang und spült immer mehr Sand weg. Irgendwann fängt der Fels an sich zu neigen. Man stellt Warnschilder auf, dass nun Klettern verboten ist, weil der Fels kippen könnte. Die Leute aber sagen: »So ein Quatsch, solange ich denken kann, steht der Fels schon so da, Wasser ist schon immer unten entlanggelaufen und nie ist er umgefallen«. Ja, er steht ein bisschen schief, aber so ein großer Fels fällt nicht so leicht um.« Dann klettern drei Mutige trotz der Warnung nach oben, es kommt ein Starkregen, der Abstieg ist zu gefährlich, weil das Wasser den Felsen glitschig macht. Der Starkregen schwemmt den letzten stabilisierenden Sand weg und dann kommt ein kleiner Windstoß, der Fels fällt um und begräbt die Wagemutigen unter sich. So wirken Klimakipppunkte. Man muss dann mit dem neuen Zustand leben. Schlimm ist es, wenn dieser neue Zustand das Leben zerstört.

Beim Klima gibt es aber nicht nur einen Prozess, der instabil ist und kippen kann, sondern mehrere, die sich zum Teil gegenseitig verstärken und sich selbst beschleunigen können. In unserem Beispiel würde das bedeuten, dass der Fels beim Umkippen einen Hangrutsch verursacht, der dann ein ganzes Dorf zerstört. Man spricht in der Klimaforschung daher von »Kippkaskaden«, die einen Dominoeffekt einleiten, der dann zu einer kaum noch bewohnbaren Erde führt.

Norbert Weißmann: Können Sie uns einige solcher Kipppunkte in der Klimaentwicklung und ein Beispiel für Selbstverstärkung nennen?

Christian Wilhelm: Man kann grob drei Bereiche von Kippelementen unterscheiden. Einmal alle Prozesse, die mit dem Schmelzen von Eis zu tun haben, zweitens Veränderungen in Meeresströmungen und drittens Störungen in biologischen Kreisläufen, die starke Auswirkungen auf die chemische Zusammensetzung der Atmosphäre haben. Ich möchte für jeden der drei Bereiche ein Beispiel erzählen, bei dem wir entweder die Wirkung in unserem Alltag spüren können oder wo wir durch Beobachtung die Prozesse besser verstehen können.

Bei der Meereseisschmelze ist ja bekannt, dass dadurch der Meeresspiegel steigt und dadurch das Leben an den Küsten gefährdet wird. Durch den Klimawandel schmilzt das Eis aber nicht kontinuierlich, sondern immer schneller. Warum? Aus zwei Gründen. Einmal reflektiert Eis die Strahlung zurück in den Weltraum und wenn die Eisbedeckung geringer wird und den dunklen Untergrund freilegt, verbleibt mehr Wärme auf der Erdoberfläche und wird nicht in den Weltraum zurückgestrahlt. Ein zweiter Grund liegt darin, dass kleinere Eisberge schneller schmelzen als große. Das können Sie selbst einmal testen. Sie bestellen zwei Eiskaffees. Sie essen ganz schnell die Sahne weg, sodass in beiden Bechern nur noch der kalte Kaffee und die Kugel Eis zu sehen ist. In dem einen Becher zerteilen Sie die Eiskugel in vier Teile und im anderen Becher lassen Sie die Eiskugel ganz. Und dann messen Sie einfach die Zeit bis das Eis vollständig geschmolzen ist. Sie werden sehen, dass die kleineren Eisstücke viel schneller verschwinden. Mit den Gletschern ist das nicht anders. Jeder Gletscher, der zerbricht, schmilzt schneller, selbst wenn sich die Erde nicht weiter erwärmt. Daneben gibt es noch eine Vielzahl anderer Effekte, die zum schnelleren Schmelzen führen. Zum Beispiel liegen in Grönland große Eismengen in großen Höhen, wo es eigentlich kalt ist und das Eis stabil ist. Wenn die unteren Ränder im Tal schmelzen, rutscht das Eis aus den kalten Höhen in wärmere Tiefen und es kommt zum schnelleren Schmelzen. Für jede der Eismassen in der West- oder Ostantarktis lassen sich andere Geschichten erzählen.

Norbert Weißmann: Und bei den Meeresströmungen, was passiert da im Klimawandel?

Christian Wilhelm: Zu verschiedenen Meeresströmungen gibt es Erkenntnisse: dem Golfstrom, den Meeresströmungen die für den indischen Sommermonsun sorgen oder auch dem El Niño-Phänomen, das zwischen Australien und Südamerika im pazifischen Ozean auftritt. Ich will mich hier auf den Golfstrom beschränken. Wer schon einmal im Herbst in der Bretagne in Westfrankreich war, wird sich vielleicht gewundert haben, dass im Herbst die Bauern dort Blumenkohl auf den Feldern auspflanzen; nein nicht ernten, sondern kleine Pflänzchen in die Erde stecken. Im Laufe des Winters wächst der Blumenkohl und findet bei uns im Februar den Weg auf den Markt. Warum wächst in der Bretagne der Blumenkohl im Winter, bei uns aber nicht, obwohl die Bretagne auf dem gleichen Breitengrad wie Bayern liegt? Der Grund ist einfach: Der Golfstrom bringt so viel warmes Wasser, dass die Küsten auch im Winter nahezu frostfrei bleiben und Gemüseanbau möglich ist.

Norbert Weißmann: Wie kommt dieser Wärmetransport zustande?

Christian Wilhelm: Da die Sonne in den Subtropen wärmer und heller scheint, wärmt sich das Meer auf, wird durch die

Westwinde abgetrieben und strömt im Atlantik nach Norden, dabei kühlt es sich ab und gibt die Wärme an die Umgebung ab. Wenn die Strömung dann den Norden erreicht wird es so kalt, dass es die höchste Dichte des Wassers erreicht und der Wasserkörper sinkt auf den Meeresboden. Dabei nimmt es eine Menge CO_2 mit in die Tiefe. Das in der Tiefe liegende Wasser wird nach Süden verdrängt und steigt in den Subtropen wieder auf, wo es wieder erwärmt wird. Diese Zirkulationspumpe wird nun gebremst, wenn im Norden das Meereseis schmilzt und das salzige Wasser verdünnt. Es wird dann nicht mehr so schwer und der absinkende Wasserstrom wird geringer. Je mehr Eis schmilzt, um so weniger Wärme wird transportiert und umso weniger CO_2 wird aus der Atmosphäre entfernt, was die Erderhitzung zusätzlich erhöht. Für das Klima in Europa sind bei einer Abschwächung der Umwälzpumpe Golfstrom wegen des fehlenden Wärmetransports aus den Subtropen mittelfristig deutlich kältere Winter zu erwarten. Stefan Rahmsdorf hat Mitte 2023 schon darauf hingewiesen, dass nach neueren Modellen die Wahrscheinlichkeit wächst, dass dieser Kipppunkt schon 2050 erreicht werden könnte, mit katastrophalen Wirkungen wegen des damit verbundenen Meeresspiegelanstiegs um 1 Meter an den deutschen Küsten.[10] Auch wenn die Wahrscheinlichkeit nur 10 Prozent beträgt, dass dies schon Mitte des Jahrhunderts der Fall sein könnte, ist dies nicht hinnehmbar: Das Risiko ist vergleichbar mit dem Spielen von »russischem Roulette«, das in Deutschland unter einer Androhung einer Freiheitsstrafe von bis zu 15 Jahren verboten ist.

Norbert Weißmann: Gibt es auch Effekte in anderen Strömungssystemen?

Markus Vogt: Ja, einer davon ist der sogenannte Jetstream. Es ist eine Luftströmung in circa 10–12 Kilometern Höhe, also dort, wo die Jets fliegen. Der Jetstream trennt die kalte Polarluft von der warmen subtropischen Luft. Er wandert in einer bestimmten Breite schwankend um den Globus und sorgt für den Wechsel von Hoch- und Tiefdrucksystemen bei uns im Sommer. Das ist wichtig, weil dadurch sonnige warme Tage immer wieder durch Regentage unterbrochen werden. Das ist für die Natur eine günstige Bedingung. Wenn sich nun der Jetstream abschwächt, weil die Temperaturdifferenz zwischen Nord und Süd durch die Erderwärmung geringer wird, dann ziehen die Wellen langsamer um den Globus und bleiben sogar eine Zeitlang stehen. Die Folge sind wochenlange stabile Hochdruckwetterlagen im Sommer, die zu extremer Hitze und Dürre führen. Das Verharren von Tiefdruckgebieten führt zu langandauernden Regenfällen und immer öfter auch zu Überflutungen. Das hat Auswirkungen auf die Kipppunkte, die durch biologische Prozesse gesteuert werden.

Norbert Weißmann: Was hat man unter biologisch gesteuerten Kipppunkten zu verstehen? Können Sie uns auch dazu eine Geschichte erzählen, mit der wir im Alltag Erfahrungen machen?

Christian Wilhelm: Wenn wir einen leckeren Meeresfisch auf unserem Teller haben, dürfen wir uns freuen, dass wir gesundes Eiweiß zu uns nehmen; das gleiche gilt, wenn wir mit Genuss einen Krabbencocktail zu uns nehmen. Während bei uns die Meeresfrüchte und der Meeresfisch eher zu den Delikatessen gehören, ist er in anderen Ländern von existentieller Bedeutung. Der Meeresfischfang gibt circa 600 Millionen Menschen Arbeit und Essen. Besonders in armen Ländern wie Bangladesch oder Ghana liefert der Fisch die Hälfte des Proteins für die Ernährung der Bevölkerung. Diese Grundlage ist in Gefahr: 90 Prozent aller Fischbestände sind vollständig oder übermäßig ausgebeutet; fast ein Drittel sind akut gefährdet. Die Überfischung gefährdet nicht nur eine gesunde und für viele arme Menschen unverzichtbare Nahrungsquelle, sie hat auch unabsehbare Folgen für die Ökosysteme der Meere.[11] Warum? Die Weltmeere sind mit ihrer riesigen Fläche eigentlich eine Wüste. Wer mit dem Boot von Portugal bis in die USA fahren will und denkt, er könnte sich unterwegs von Fisch ernähren, der irrt. Das Meer ist deshalb eine Wüste, weil das Wasser kaum Nährstoffe enthält. Daher wird von den Mikroalgen, den Pflanzen des offenen Meeres, nur wenig Biomasse gebildet, sodass sich nur wenig Kleintiere entwickeln können, von denen sich die Friedfische ernähren. Diese sind dann die Nahrungsgrundlage für die Raubfische. Ohne Nährstoffe also keine Fische. Die nährstoffreichen Gewässer, in denen die Mikroalgen gut wachsen können und die Grundlage für Fischgründe bilden, begrenzen sich auf die Meeresregionen, wo kaltes, nährstoffreiches Tiefenwasser aufsteigt und sich mit warmem Oberflächenwasser vermischt. Die Algen brauchen aber noch etwas anderes: Kohlendioxid. Das wird aus der Luft ins Wasser gemischt und im Zuge des Wachstums verbraucht. Daher erfüllen die Meeresalgen die gleiche Aufgabe wie Bäume: Sie binden CO_2 und regulieren das Klima. Etwa 40 Prozent der jährlichen CO_2-Bindung durch die Natur wird von diesen kleinen Algen geleistet. Denn wenn die Algen alles bekommen, was sie brauchen (Nährstoffe, Wärme und Licht) sind sie extrem leistungsfähig. Ohne die winzigen Meeresalgen gäbe es kein menschenfreundliches Klima. Ihre Leistung ist so groß, dass bei einem Leistungsverlust von 10 Prozent etwa die Hälfte des CO_2, das der Mensch emittiert, in der Atmosphäre verbleiben würde. Die Algen bilden also eine biologische Pumpe, von der wir abhängig sind. Wir müssen daher die Algen im Meer schützen.

Norbert Weißmann: Das ist für mich wirklich neu, aber was hat das mit dem Fischessen und dem Klimawandel zu tun?

Christian Wilhelm: Nun, die reichen Fischgründe in den Auftriebsgebieten sind verantwortlich für 90 Prozent der weltweiten Fischanlandungen, bzw. 50 Prozent des aus dem Meer stammenden Eiweißes, stellen aber nur circa 1–3 Prozent der Meeresoberfläche dar.[12] Der Wasseraustausch ausgerechnet dieser Regionen ist im Zuge des Klimawandels massiv gestört. Die Winde und die für die Strömung verantwortlichen Temperaturunterschiede werden wie beim Golfstrom gestört. Damit wird weniger CO_2 ins Meer verfrachtet, weniger Nährstoffe werden bereitgestellt und die Primärproduktion geht zurück. Zudem wird die Nahrungspyramide von oben abgefischt: Weniger Fische bedeuten mehr Zooplankton und dies wiederum weniger Algen, weil die Kleintiere die Algen ungestört wegfressen können, schneller als diese nachwachsen können. Damit sinkt auch weniger organischer Kohlenstoff auf den Meeresboden und die biologische Pumpe lahmt. Schon jetzt wird in der Summe zum Beispiel in der Nordsee weniger Fisch gefangen und statt regionalem Seefisch kommen Importe aus Asien auf den Teller, obwohl dort der Fisch eine wichtigere Proteinquelle für die Menschen ist als bei uns. Man sieht, dass der Klimawandel zusammen mit der hohen Nachfrage nach Protein die Überlastungsgrenzen des Planeten näher an uns heranschiebt. Das Tückische an den Kipppunkten ist, dass wenn der Prozess einmal so gestört ist, dass biologische Kreisläufe kollabieren, der alte Zustand nicht mehr in einem Menschheitszeitalter erreicht werden kann. Daher ist vorsorgendes Handeln ein Akt der Klugheit, Abwarten und auf deutlichere Signale warten, ist der vermeidbare Gang ins Verderben. Darüber wird noch zu sprechen sein, wenn wir über Handlungsmöglichkeiten reden. Hier hat der Einzelne die größten Einflussmöglichkeiten über eine Veränderung von Essgewohnheiten zu mehr pflanzlicher Ernährung.

Welche Begriffe sind essentiell für ein Verstehen der Konsequenzen des Klimawandels?

Norbert Weißmann: Die Logik von Kipppunkten und von Prozessen, die wir als Menschheit erhalten müssen, um allen Menschen auch langfristig eine gute Existenz sichern zu können, ist jetzt klargeworden. Was sind Ihrer Meinung nach die zentralen Begriffe, die wir verstehen müssen, wenn wir über die Konsequenzen des Klimawandels nachdenken?

Markus Vogt: Bisher haben wir uns ja schwerpunktmäßig mit den biologischen und physikalischen Prozessen im Erdsystem beschäftigt, die das Klima verändern. Ich denke wir müssen uns auch klarmachen, dass die mit dem Klimawandel verbundenen Katastrophen zu einer Kostenexplosion führen werden, zum einen für die Reparatur der entstehenden Schäden, zum anderen für sogenannte Klimaanpassungsmaßnahmen mit denen wir unsere Gesellschaft resilient, das heißt widerstandsfähig machen müssen. Ich erläutere dies an einem Beispiel.

Wenn wir in der Vergangenheit eine Naturkatastrophe erlebt haben, also zum Beispiel eine Überschwemmung, dann wurde schnell spontane öffentliche und private Hilfe aktiv. Menschen aus benachbarten Regionen, die vom Hochwasser verschont blieben, kamen um zu helfen. Es wurden Hilfsprogramme aufgelegt für den Wiederaufbau. Als das kleine Städtchen Grimma in Sachsen am 13.08.2002 im Wasser der Mulde versank, wurden mehr als 700 Häuser beschädigt oder zerstört. Die damalige Schadensbilanz lag bei 250 Millionen Euro. Schon 5 Jahre später waren die Folgen der Katastrophe äußerlich kaum noch zu sehen. Es wurde ein massiver Hochwasserschutz für die Stadt installiert und man hatte das Gefühl: Das alte Leben ist zurück. Diese Vorstellung: Es kommen Katastrophen, die stehen wir durch und dann haben wir unser altes Leben wieder, steckt tief in uns drin und stellt sicher einen wichtigen Hoffnungsmotor für den Wiederaufbau dar.

Dieses Bild hat sich mit der Erfahrung der Katastrophe im Ahrtal völlig verändert. Am 14. und 15.07. 2021 wurden Teile von Rheinland-Pfalz und Nordrhein-Westfalen in der größten deutschen Umweltkatastrophe seit der Sturmflut von 1962 verwüstet: Allein im Ahrtal starben 134 Menschen. Zwar war auch die Hilfsbereitschaft enorm. Tausende Freiwillige aus ganz Deutschland reisten in Shuttlebussen an, um Hilfe zu leisten. Das Technischen Hilfswerk hatte täglich rund 4.000 ehren- und hauptamtliche Helfer im Einsatz. Im August 2021 beschloss die Bundesregierung das Sondervermögen »Aufbauhilfe 2021« in Höhe von 30 Milliarden Euro, um den Wideraufbau zu unterstützen. 15 Milliarden Euro Wiederaufbauhilfe stehen für Betroffene der Flutkatastrophe in Rheinland-Pfalz bereit, aber 3 Jahre nach der Katastrophe stehen noch immer tausende Menschen vor dem Nichts. Selbst nach 3 Jahren bleibt der Wiederaufbau Schwerpunkt der Landesregierung. Die Gelder fließen wegen bürokratischer Hürden sehr zäh. Das Bundesfinanzministerium teilte mit, dass bis zum 26. Mai 2023 erst 2,353 Milliarden Euro Finanzhilfe abgerufen worden seien.[13] Wie das die existentielle Grundbefindlichkeit der Menschen bis hin zu ihrem religiösen Glaubensverständnis verändert hat, kann man in dem Buch von Jörg Meyrer »Zusammenhalten« nachlesen.[14]

Norbert Weißmann: Aber was lernen wir daraus?

Christian Wilhelm: Mit zunehmender Erderhitzung müssen wir mit einer anderen Qualität von Katastrophenereignissen rechnen. Erstens können die Zerstörungen überregionale Ausmaße erreichen und der Wiederaufbau ist dann so kostspielig, dass er umfangreiche staatliche Maßnahmen erfordert. Wiederholen sich solche Extremereignisse in kurzen Zeiträumen, so wie es die Klimamodelle schon seit Langem voraussagen, ist irgendwann auch ein reicher Staat mit der Wiederherstellung der Zerstörungen vermutlich überfordert. Zweitens kann der Wiederaufbau, wie wir gerade beim Ahrtal sehen, sehr lange dauern und wegen des ständig steigenden Risikos einer Wiederholung der Katastrophe werden umfangreiche Schutzmaßnahmen gefordert, die kaum finanzierbar sind. Maßnahmen der Klimaanpassung wie zum Beispiel der Bau von Staudämmen, der hitze-, hochwasser- und starkregenresiliente Umbau von Städten, oder auch Hitzeschutzmaßnahmen für besonders verwundbare Gruppen erfordern hohe Investitionen in eine Vielzahl von Infrastrukturmaßnahmen wie beispielsweise die Anlage von Wasserrückhalteräumen, öffentlichen Trinkbrunnen, schattenspendenden Baumbestand, und klimatisierte Schutzräume. Wenn der größte Fluss Italiens, Po, nur noch 10 Prozent des Wassers führt und die Reisernte in der gesamten Region praktisch ausfällt, dann müssen völlig neue Wassermanagementsysteme in der Landschaft aufgebaut werden, an die vor 10 Jahren noch niemand dachte.

Norbert Weißmann: Die zusätzlichen Investitionen dienen dazu, unsere Gesellschaften resilient zu machen. Können die Menschen nach Abschluss der Maßnahmen wieder mit der Rückkehr zu ihrem »alten Leben« rechnen?

Markus Vogt: Oft ist das nicht möglich. In vielen Regionen ist wegen der anzunehmenden weiteren Zunahme der Häufigkeit und Heftigkeit der Wetterextreme auch nach Anpassungsmaßnahmen nicht mehr mit der Rückkehr zu einem früheren Normalzustand zu rechnen. Wenn Zweifel an der Sinnhaftigkeit eines vollständigen Wiederaufbaus aufkommen, werden Menschen daran denken, die Region zu verlassen. Das alte Leben kommt dann nicht mehr zurück. Denken Sie zum Beispiel daran, dass bei einer globalen Temperaturerhöhung von 2 Grad in manchen Regionen die Landwirtschaft aufgegeben werden muss, einfach weil die Wahrscheinlichkeit, dass die Ackerpflanzen durch eine Hitzewelle absterben und damit die ganze Ernte verloren geht, zu hoch sein wird, um das Ausfallrisiko weiter einzugehen. Die bisherige Form der »modernen« Landwirtschaft wird sich in vielen Regionen der Welt stark transformieren müssen, aber dann kann sie, wie wir später sehen werden, sogar zu einem Teil der Lösung des Problems werden.

Norbert Weißmann: Haben Sie dafür Beispiele?

Christian Wilhelm: Derzeit geben Bauern im Zweistromland Mesopotamien, wo vor circa 3.000 Jahren der erste Ackerbau stattfand, Flächen einfach auf, weil Euphrat und Tigris nicht mehr genug Wasser führen. Auch in der Lausitz müssen wir ab 2050 damit rechnen, dass Landwirte wegen des Wassermangels Flächen aufgeben. Wenn wir Kulturregionen als Lebensraum für Menschen sichern wollen, müssen wir von der Reparaturhaltung zur Vorsorgehaltung übergehen. Wir müssen Maßnahmen der Klimaanpassung ergreifen.

Norbert Weißmann: Also Maßnahmen, die den Wasserhaushalt stabilisieren und die Dürre und Hitze vorbeugen oder deren Folgen vermindern.

Christian Wilhelm: Da haben Sie schon die wichtigsten Arbeitsfelder genannt. Wasser fällt zumindest in Deutschland noch genug, aber über das Jahr falsch verteilt. Starkregen oder Dauerregen fällt vor allem im Herbst und Winter. Wenn er in unserer aufgeräumten Agrarlandschaft über Drainagen und Kanäle, aus unseren Wäldern über Waldwege und Rückegassen schnell in Bäche und Flüsse abgeleitet wird, dann ist er für die Natur verloren und steht im Sommer nicht mehr zur Verfügung. Der Lauf des Wassers muss also überall, wo Regen fällt, verlangsamt werden, damit er Zeit hat, in tiefere Bodenschichten vorzudringen und das Grundwasser anzureichern. Im Wald müssen Drainagen geschlossen und Waldwege umgestaltet werden, damit der Regen in der Fläche bleibt und nicht in den nächsten Bach schießt. Auf den Äckern sollten in regelmäßigen Abständen Baumreihen entlang der Höhenlinien gepflanzt werden. Dies reduziert den Verlust von wertvollem Ackerboden bei Starkregen und verlangsamt den Abfluss des Wassers. Versickerungsmulden, viele kleine und wenige zentrale größere Regenrückhaltebecken sind weitere Maßnahmen, die sich als sehr wirksam erwiesen haben, um Hochwasser zu reduzieren und der Wasserknappheit vorzubeugen. Es gibt verschiedene Programme, die Anwender bei der Umsetzung solcher Maßnahmen unterstützen.

Norbert Weißmann: In Bayern gibt es die Initiative www.Boden-staendig.eu, wo Best-Practice-Maßnahmen der Wasserrückhaltung im Projektablauf genau dokumentiert werden. Durch die Verfügbarkeit der Informationen im Internet werden Nachahmer geradezu herausfordert. In der Hunsrück-Nahe-Region versucht die Aktion »Schwammregion« die verschiedenen Akteure aus Zivilgesellschaft und Kommunen in Bewegung zu bringen.

Christian Wilhelm: »Schwammregion« ist an den schon bekannteren Begriff »Schwammstadt« angelehnt?

Norbert Weißmann: Richtig. Während Schwammstadt sich auf die Wasserrückhaltung im urbanen Raum fokussiert, habe ich mit dem Begriff Schwammregion versucht, einen Begriff zu finden, der auch die Menschen im ländlichen Raum aktiviert, also dort, wo der meiste Regen fällt. Die Motivation der Land- und Forstwirte, sich den Folgen der Klimakatastrophe anzupassen, ist sehr hoch. Unter den Folgen haben sie wirtschaftlich sehr zu leiden, aber auch die Stadtbevölkerung ist schon jetzt zumindest zeitweise sehr stark betroffen.

Christian Wilhelm: Da ist neben der Gefahr durch Überflutungen vor allem die Hitzeproblematik zu nennen. Die Zahl der Hitzetage mit Höchsttemperaturen über 30 Grad hat in Deutschland seit 1960 drastisch zugenommen. Während in den 1960ern in heißen Jahren maximal 10 Hitzetage auftraten, waren es ab dem Jahr 2000 in den kühlen Sommern 10 und in den heißen Jahren bis zu 20 Hitzetage.[15] Begrünung der Innenstädte ist die wichtigste Maßnahme, um die Temperaturen zu senken, denn jeder Baum bietet kühlenden Schatten und wirkt wegen der Verdunstungskälte wie eine natürliche Klimaanlage, die Hitze neutralisiert und Wasserdampf nach oben katapultiert. Aufforstung in Stadt und Land ist ein wichtiger Baustein für die Wiederherstellung natürlicher Wasserkreisläufe.

Norbert Weißmann: Klimaanpassung[16] in ungeahntem Ausmaß ist also notwendig, weil Politik und Gesellschaft zu lange die Warnungen der Wissenschaftler ignoriert haben.

Markus Vogt: Wir müssen uns eingestehen, dass unser altes Leben, auch wenn es für die US-Amerikaner und die Mitteleuropäer zumeist ein schönes und bequemes Leben darstellte, ein falsches Leben war. Falsch, weil wir eine Risikogesellschaft aufgebaut haben, die ihr Risiko lange Zeit geleugnet hat und nun langsam erkennt, dass sie den angerichteten Schaden einerseits bereits zum Teil selbst ausbaden muss, die volle Katastrophe jedoch den kommenden Generationen aufbürdet. Die Praxis, den Planeten zu zerstören, muss sich ändern, wenn wir intragenerationell gegenüber den vulnerablen Gruppen vor allem des globalen Südens, und intergenerationell gegenüber unseren Kindern und Enkeln fair sein wollen.

Norbert Weißmann: Sie meinen also, dass auch Vorsorge einer der zentralen Begriffe sein muss, der uns als Leitlinie für Zukunftsentscheidungen dient?

Markus Vogt: Ja, der Begriff Vorsorge ist zentral. In die Vorsorge darf ich nicht nur das Geld und Wissen stecken, das ich jetzt gerade nicht brauche, sondern ich muss sie als überlebenswichtige Investition verstehen, die zu tätigen ist, bevor der Schaden eintritt. Das ist dann so wie mit dem kariösen Zahn: Anfangs tut er nur ein bisschen weh und der Schmerz geht auch wieder weg, wenn Zucker im kalten Eis den Schmerz ausgelöst hat; aber je länger ich warte, um so größer wird der kariöse Schaden und am Ende ist der Zahn verloren. Die Schmerzen bei einer Wurzelbehandlung übertreffen bei Weitem den Schmerz, den ich hätte aushalten müssen, wenn ich gleich zum Zahnarzt gegangen wäre. Den verlorenen Zahn muss ich möglicherweise auch noch teuer ersetzten, falls sonst das ganze Gebiss Schaden leidet. Abwarten, weil der Schmerz nur vorübergehend ist, ist eben eine falsche und gefährliche Strategie.

Norbert Weißmann: Gut, bei Ihrem Zahnarztbeispiel kann ich das nachvollziehen. Können Sie das an einem Beispiel im Zusammenhang mit dem Klimawandel erklären?

Markus Vogt: Ja, nehmen Sie folgendes Beispiel. Je schneller wir zum Beispiel die Emissionen im Verkehr reduzieren, desto mehr Spielraum bekommen wir bei der Umstellung der Fahrzeugflotte auf nachhaltige Energieträger. Also wenn wir sofort kleinere Autos und langsamer fahren, wenn möglich auf Bus oder Bahn umsteigen und Kurzstrecken (zum Beispiel den samstäglichen Brötchenkauf) mit dem Fahrrad erledigen, umso einfacher ist die Umstellung hin zu einem zukunftsfähigen Mobilitätsverhalten, und desto geringer wird das Risiko, dass wir in eine Mobilitätskrise schliddern, die uns persönlich abrupt sehr einschränken wird. Alles was wir jetzt nicht emittieren, ist nicht in erster Linie Konsumeinschränkung, sondern Daseinsvorsorge. Sowohl das Mobilitätsverhalten der Konsumenten als auch die Produktpalette der

Fahrzeughersteller zeigt, dass wir weit davon entfernt sind, uns vernünftig und klimagerecht zu verhalten.

Norbert Weißmann: So ganz verstehe ich das aber nicht. Wenn ich, um ganz konsequent zu sein, mit dem Fahrrad zum Bäcker fahren soll statt mit meinem Hybridauto, weil der Strom für diese Fahrt besser von meinem Nachbarn für das Kochen des Frühstückskaffees verwendet werden sollte, dann erlebe ich das als einschränkend. Ich sehe nicht direkt, dass dies zur Krisenvermeidung beiträgt. Wie kann ich die Wirkung meines Verzichts für zukünftige Schäden wahrnehmen?

Markus Vogt: Diese Frage ist vollkommen berechtigt. Die Effekte, die durch die CO_2-Einsparungen eines einzelnen Menschen erzielt werden, sind marginal und daher sehr schwer einzufordern – von sich selbst und auch von anderen. Sie stellt sich dem Einzelnen noch dramatischer, wenn er sich einschränken soll und es vor allem andere sind, die von seinen Einschränkungen profitieren. Das führt dann zu einem weiteren zentralen Begriff, den wir in der Klimadiskussion berücksichtigen müssen, nämlich dem schon eben erwähnten Begriff der Generationengerechtigkeit. Wir verstehen Gerechtigkeit normalerweise als eine innerstaatliche Spielregel, die sicherstellt, dass alle Menschen des Gemeinwesens in gleicher Weise und Umfang auf die Güter Zugriff haben, die die Lebensqualität bestimmen. In der Agenda 2030 für eine nachhaltige Entwicklung haben die Vereinten Nationen im Jahr 2015 17 Ziele für eine nachhaltige Entwicklung (Sustainable Development Goals, SDGs) festgelegt, die allen Menschen offen stehen müssen.[17] Auf der Grundlage dieser SDGs wird eine nachhaltige Entwicklung als eine dauerhaft tragfähige Entwicklung definiert, die auf alle relevanten Dimensionen (Ökonomie, Ökologie und Soziales) und Ebenen (national, regional und lokal) ausgerichtet ist. Hier reicht es zunächst darauf hinzuweisen, dass sauberes Wasser oder akzeptable Temperaturen nicht einfach so da sind, sondern ein Ergebnis gemeinschaftlichen menschlichen Handelns darstellen. Wir legen heute fest, ob gute Lebensbedingungen für die zukünftigen Generationen zur Verfügung stehen werden. Daher müssen wir, wenn wir gerecht sein wollen, global oder planetar denken. Davon sind wir im Augenblick noch weit entfernt. Im Gegenteil: In vielen Staaten gewinnen nationalistische Strategien zunehmend an Einfluss und zwar nicht nur in Staaten, die autoritär regiert werden, sondern auch in solchen Ländern, in denen die Regierungen durch freie Wahlen an die Macht gekommen sind. Wie stark in einer vollen Welt Gerechtigkeit nur planetar gedacht und sichergestellt werden kann, zeigt die Covid-19-Pandemie. Das Recht auf Sozialkontakte wurde weltweit in nahezu allen Staaten eingeschränkt, weil das Virus sich durch die globalen Vernetzungen über persönliche Kontakte in rasender Geschwindigkeit ausbreitete. Wir sehen, dass Gerechtigkeit in Zukunft nicht nur eine innergesellschaftliche Regulierungskraft hat, sondern eine globale Größe ist, die internationale Konflikte sowohl antreiben, als auch entschärfen kann. Gerechtigkeit bezieht sich in diesem Sinn auf eine faire Verteilung der Güter auf die Menschen, die jetzt leben. In einer vollen Welt, in der Kipppunkte überschritten werden, entstehen aber auch globale Naturschäden, die die nachfolgenden Generationen in ihren Lebensmöglichkeiten stark einschränken oder sogar existentiell gefährden. Das haben wir so normalerweise nicht im Blick. Wir denken immer noch: Die Natur erholt sich ja immer wieder. Aber wenn nach Kipppunkten vorherige Zustände nicht mehr zurückkommen, Siedlungs- und landwirtschaftliche Anbauflächen komplett verloren gehen, dann haften dafür die Generationen, die den Schaden gar nicht verursacht haben.

Norbert Weißmann: Dies würde eine generationsübergreifende Gesetzgebung erfordern. Gibt es so etwas bereits?

Christian Wilhelm: Oh, ja, zum Beispiel im Kreditwesen. Wenn jemand einen Kredit aufnehmen möchte, der Kinder hat, aber den Kredit zu seinen Lebzeiten nicht tilgen kann, also die Schulden einfach seinen Kindern aufbürden möchte, würde die Person nach dem deutschen Kreditgesetz von der Bank das Geld nicht bekommen. Das heißt, wir haben schon heute den ethischen Grundsatz des Generationenschutzes; nur gilt der nicht in dem Bereich, wo er eigentlich am wichtigsten wäre: im planetaren Lebensschutz.

Ein weiteres Beispiel ist das Grundsatzurteil des Bundesverfassungsgerichts vom 24.03.2021, das den Staat zur Generationengerechtigkeit verpflichtet hat. Nach dem Richterspruch musste die deutsche Bundesregierung das Klimaschutzgesetz nachbessern und darlegen wie der Anstieg der globalen Durchschnittstemperatur auf 1,5 Grad begrenzt und Treibhausgasneutralität bis 2050 erreicht werden kann. Die Planung ging nur bis in das Jahr 2030, für junge und zukünftige Generationen war dies zu kurz gedacht. Folglich sah das Bundesverfassungsgericht die zukünftigen Freiheitsrechte der Kläger*innen verletzt.[18]

Norbert Weißmann: Das definiert in der Tat den rechtlichen Rahmen staatlicher Verantwortung. Aber wie sieht es mit den jetzt schon Geschädigten aus, die keinerlei Einfluss auf den Klimawandel hatten? Gibt es für sie die Möglichkeit, Hilfe einzuklagen?

Markus Vogt: Es läuft seit einigen Jahren ein Verfahren gegen den Konzern RWE, der für 0,47 Prozent der weltweiten CO_2-Emissionen verantwortlich ist. Beklagt wird er von Raúl Luciano Lliuyas, dem Eigentümer eines Hauses in der peruanischen Andenregion Cordillera Blanca, das unterhalb eines Gletschersees liegt. Das Haus ist von einer Gletscherschmelze infolge des Klimawandels bedroht und der Besitzer verlangt, dass RWE für 0,47 Prozent der notwendigen Schutzmaßnahmen aufkommt.

Der Kläger hat wegen der Flutgefahr sein Haus erhöht und die Außenmauern verstärkt. Er fordert aber auch, dass RWE anteilig die Kosten für die Verstärkung des Hochwasserschutzes an dem Gletschersee übernimmt. Der bestehende Staudamm bietet nach Darlegung des Klägers keinen ausreichenden Schutz.[19]

Norbert Weißmann: Greift das nicht zu stark in die nationale Rechtssouveränität ein? Wie kommt ein peruanischer Bauer dazu, einen deutschen Konzern zu verklagen?

Markus Vogt: Ja, solche Prozesse sind in der Tat eine neue Dimension des internationalen Rechts. Aber wie soll man die globale Verantwortung für das Klima regeln, wenn bei der Bewertung der Rechtsfolgen nur nach nationalem Recht gehandelt werden kann? Die Umweltorganisation Germanwatch, die auch die COP-Konferenzen von Anfang an kritisch begleitet hat, und die ihr eng verbundene Stiftung Zukunftsfähigkeit unterstützen die Klage finanziell und durch Öffentlichkeitsarbeit. Spenden an oder Mitgliedschaft in solchen Menschenrechts- und Umweltschutzorganisationen sind gute und einfach umsetzbare Optionen um engagierte Expertinnen bei der Beförderung einer nachhaltigeren Welt zu unterstützen. Es gilt, die globale Verantwortung für nationales Handeln sichtbar zu machen. Das ist ein wichtiger Lernprozess.

Norbert Weißmann: Haben Klimakläger schon Prozesse gegen Unternehmen gewonnen?

Christian Wilhelm: Ja, als einer der größten Erfolge gilt das Urteil eines niederländischen Bezirksgerichts, das im Jahr 2021 den Energiekonzern Shell, damals Royal Dutch Shell, verpflichtete, seinen CO_2-Ausstoß bis 2030 um netto 45 Prozent gegenüber 2019 zu senken. [20]

Norbert Weißmann: Es ist erstaunlich, dass Großkonzerne wie Shell zu nachhaltigem Verhalten gezwungen werden müssen. Sie treten ja oft in ihrem sozialen Umfeld auch als Wohltäter auf. Wie sehen Sie die Wechselwirkungen zwischen Klimakatastrophe und sozialer Wohlfahrt?

Wechselwirkungen von Klimawandel und sozialer Wohlfahrt

Markus Vogt: Soziale Wohlfahrt ist ein sehr komplexer Begriff. Er beinhaltet nicht nur die Sicherstellung der materiellen Bedürfnisse, sondern auch kulturelle Vielfalt, Freiheit und innere und äußere Sicherheit.

Norbert Weißmann: Das klingt nun aber sehr akademisch. Könnten Sie das an einer lebenspraktischen Erfahrung erklären?

Markus Vogt: Ja, am besten schon am Wort. Übersetzen wir einmal soziale Wohlfahrt in »gemeinschaftliche Reise, bei der wir uns als Menschen wohlfühlen können«. So fahren zum Beispiel viele Familien in Urlaub und bleiben nicht zu Hause, weil sie in der Entdeckung von Neuem ihren sozialen Zusammenhalt neu stärken wollen und einmal bewusster wahrnehmen, dass ihr Leben nur gut sein kann, wenn andere sich für sie einsetzen: das leckere Essen im Restaurant, das saubere Zimmer in der Gästewohnung, das Eis am Strand.

Norbert Weißmann: Verstehe ich nun schon besser. Aber was hat das mit der Klimakatastrophe zu tun?

Christian Wilhelm: Die Klimakatastrophe kann dazu führen, dass die Menschheit genau diese Erfahrung nicht mehr machen kann, weil alles, was zum Wohlfühlen erforderlich ist, in Frage steht oder zerstört ist. Wenn Energiekonzerne und das Konsumverhalten der Reichen den Planeten zerstören, kann man das als ökologische Aggression bezeichnen, wie es Klaus Töpfer, der ehemalige Bundesumweltminister und spätere Exekutivdirektor des Umweltprogramms der Vereinten Nationen (UNEP) getan hat.

Wie wenig das im Bewusstsein, auch der Wissenschaft, ist, zeigt sich zum Beispiel darin, dass es vergleichsweise wenig Forschung über den Zusammenhang von Klimawandel und internationaler Sicherheit gibt. Hier sind wir stark auf die historischen nationalen Konfliktmuster und Abläufe klassischer militärischer Konfrontationen fixiert. Aber gerade der Ukrainekrieg (seit 14.02.2022) zeigt, dass der Westen ganz andere Machtinstrumente in der Hand hätte, wenn er viel früher auf nachhaltige Energieträger gesetzt hätte als auf russisches Öl, Gas und Kohle. Die Macht Russlands besteht in seiner Bedeutung als globale Tankstelle, die ein Staatseinkommen sichert, das hohe Investitionen in militärische Zerstörungspotentiale erlaubt. Russland ist nur ein Beispiel dafür, dass hohe Staatseinnahmen aus fossilen Energieträgern die Entwicklung zu autoritären Regierungsformen begünstigen. Der Energiereichtum hat in vielen der Energieexportnationen der Welt zu einer autoritären Regierungsform geführt.[21]

Norbert Weißmann: Ist denn dieser Zusammenhang wirklich zwingend? Man kann ja zum Beispiel in Kanada oder Australien sehen, dass Energieexport auch in friedlichen demokratischen Staaten ein wichtiges Geschäftsmodell ist.

Markus Vogt: Da haben Sie natürlich Recht. Aber auch in diesen Staaten gibt es durchaus innere Spannungen, weil oft indigene Bevölkerungen von ihrem angestammten Land verdrängt werden. Die Ausbeutung von Rohstoffen ist häufig mit Spannungen zwischen Volksgruppen verbunden, die zu kriegerischen Auseinandersetzungen führen können. Das verteuert die Beschaffung von Rohstoffen, Wirtschaftssanktionen erschweren den internationalen Handel. Diese eigentlich unnötigen Kostensteigerungen gefährden den Wohlstand, erzeugen soziale Unsicherheit und die Rücknahme von notwendigen Zukunftsinvestitionen. Ein wichtiger Grund für wachsende wirtschaftliche Instabilität sind weiterhin Unterbrechungen oder Störungen in globalen Warenströmen. Hinzu kommen Belastungen der Sozialsysteme durch die notwendige Aufnahme von Kriegsflüchtlingen. Diese Aufstellung zeigt, dass Dinge, die uns in Friedenszeiten selbstverständlich waren, sich auf einmal zu vielen miteinander vernetzten Krisensymptomen entwickeln können. Wir müssen damit rechnen, dass sich in einer vollen Welt nutzbare Flächen und Rohstoffe zunehmend verknappen. Die daraus resultierenden Konflikte werden umso friedlicher ablaufen, je mehr Zeit zur Verfügung steht, sich darauf einzurichten und die globalen Wirtschaftsbedingungen durch Verträge fair zu regeln.

Norbert Weißmann: Auch das klingt für den Laien sehr theoretisch. Können Sie das an einem Bild erklären?

Markus Vogt: Ja. Wenn wir auf eine Reise gehen, bei der wir nicht genau wissen, was auf uns zukommt, überlegen wir vorher sehr genau, was wir mitnehmen, wo wir in dem fremden Land notfalls Unterstützung finden können, wenn wir in Not geraten. Auch sind wir nicht davor gewappnet, dass uns auf der Abenteuerreise Unglück widerfährt, dem wir nicht standhalten können. Aber die Vorbereitung erhöht die Chance auf einen guten Ausgang und gibt uns Vertrauen in unser Tun. Töricht wäre es, unvorbereitet auf eine solche Reise zu gehen, bis zum letzten Tag zu feiern und unser Geld, das wir dringend für den Schadensfall auf der Reise bräuchten, auszugeben und einfach nur zu hoffen, es wird schon gut gehen. Dieses Verhalten würden wir wohl alle als fahrlässig bezeichnen. Aber genau so gehen wir zurzeit mit unserer Sicherheit und unserer sozialen Wohlfahrt um.

Norbert Weißmann: Sie haben jetzt soziale Wohlfahrt ziemlich stark auf die Aspekte Sicherheit und Wirtschaft ausgerichtet. Aber so wie Sie in dem Bild vom Familienurlaub erklärt haben, ist doch soziale Wohlfahrt mehr als reine Existenzsicherung.

Christian Wilhelm: Wenn ich darauf antworten darf. Das ist genau der zweite Aspekt, des »guten Lebens«, der durch die Klimakatastrophe in Gefahr gerät: Soziale Wohlfahrt beinhaltet auch das Gefühl von Wertschätzung und Gerechtigkeit. Auch wenn es mir objektiv gut geht, kann ich mich sehr benachteiligt fühlen, wenn ich mich mit denen vergleiche, denen es noch besser geht als mir. Wir würden uns sehr ärgern, wenn der Müll auf einem Campingplatz von der Müllabfuhr liegen gelassen wird, während bei den Hotels alles pikobello entsorgt ist. Umso mehr würden in einer bedrohlichen Lebenssituation Neid und Missgunst wachsen, wenn alle in der Haltung leben: Rette sich oder nehme sich wer kann. Das ist eine toxische Grundhaltung für diejenigen Menschen, die nur über Kooperation eine Chance auf ein menschenwürdiges Überleben haben. Anders als ich weiter oben die Urlaubserfahrung als das Erleben von Wertschätzung durch andere geschildert habe, meinen viele Zeitgenossen, sie seien auf die anderen nicht angewiesen: Jeder ist seines Glückes Schmied, wenn ich nur genug Geld habe. Aber das ist zu kurzsichtig gedacht. Die Verteilung der knappen, immateriellen Güter wie sauberes Wasser, Luft, erträgliche Temperaturen verlangen eine ethische Grundhaltung der Teilungsbereitschaft und Vorsorge. Da werden auf uns noch Zeiten zukommen, wo wir hart auf die Probe gestellt werden. Ohne diese Grundsolidarität der Teilungsbereitschaft und der Anerkennung der Rechte des anderen, kann kein Gemeinwesen in Freiheit existieren. Ernst-W olfgang Böckenförde hat es so formuliert: »Der freiheitliche, säkularisierte Staat lebt von Voraussetzungen, die er selbst nicht garantieren kann«[22]. Das ist das große Wagnis, das der Staat, um der Freiheit willen, eingegangen ist. Das bringt die Institutionen und Akteure ins Spiel, die für die Ausgestaltung dieser ethischen Voraussetzungen unabdingbar sind.

Norbert Weißmann: An welche Institutionen denken Sie dabei?

Markus Vogt: Traditionellerweise waren und sind dies Kirchen, religiöse Einrichtungen/Sozialverbände und die Gewerkschaften. Heute treten beim Aushandeln neuer Gesellschaftsverträge auch noch zivilgesellschaftliche Akteure mit auf die Bühne wie zum Beispiel Umweltverbände und zivilgesellschaftliche Hilfsorganisationen und Aktivisten. Sie alle sorgen zusammen mit den Akteuren aus den politischen Parteien für eine breite gesellschaftliche Diskussion, bei der in spannungsvollen, aber auch nötigen Auseinandersetzungen Verteilungskämpfe ausgefochten, zukunftsfähige Haltungen und Einstellungen/Regeln ausgehandelt werden. Ohne den Veränderungsdruck der Klimakatastrophe erschienen vorsorgliche, Probleme vorwegnehmende Debatten nicht nötig. Wer sie führen wollte, geriet in den Verdacht, andere bevormunden zu wollen. Dieses Argument kippt aber derzeit.

Der sich anbahnende Verteilungskampf ums Wasser erreicht angesichts sinkender Grundwasserspiegel gerade Deutschland. In Italien wurde 2023 ernsthaft überlegt, ob man den Gardasee zumindest teilweise entleeren soll, damit in der Po-Ebene ausreichend Wasser für die dort lebenden Menschen bereitgestellt werden kann. Es ist offensichtlich, dass angesichts der Herausforderungen der Erderhitzung auf vielen Feldern Debatten um Priorisierungen geführt werden müssen. Nur offen und kreativ geführte und fair moderierte Dialoge zwischen allen Akteuren können in den jeweiligen Problemlagen zu je fairen Lösungen führen. Eine Teilungsbereitschaft für nur begrenzt vorhandene unersetzliche Güter kann nur erzeugt werden, wenn jeder die

Position der Gegenseite versteht. Soziale Wohlfahrt für alle muss das Ziel solcher Prozesse sein und es kann nur erreicht werden, wenn alle Beteiligten ihre Erfahrungen, Ideen und Kreativität in einen offenen Prozess einbringen. Anders gesagt: Nur ein kooperativer, sozialer Zusammenhalt sichert die lebenswürdige Existenz aller.

Norbert Weißmann: Viele Klimaskeptiker spielen die Klimaextreme der letzten Jahre herunter und argumentieren, es habe Extremwetterereignisse schon zu allen Zeiten gegeben. Ist das Beispiel vom Gardasee, obwohl es im Sommer 2023 ernsthafte Auseinandersetzungen um die Wasserzuteilung gab, nicht zu extrem, dass man es als Argument verwenden kann?

Markus Vogt: Nein, eher nicht. Solche Extreme deuten eine Entwicklung an, die uns als Regel droht, wenn wir nicht handeln. So gab es in Indien erstmalig im Jahr 2022 eine lang anhaltende Hitzewelle von deutlich über 40 Grad in dicht besiedelten Regionen. Tausende Menschen starben und die Gesellschaften waren an der Grenze der sozialen Belastbarkeit. 2024 folgte eine weitere, ähnlich dramatische Hitzewelle. In Deutschland wurde im Sommer 2022 durch die Drosselung der Erdgaslieferungen aus Russland der Gasnotstand ausgerufen und es wurde offen die Frage diskutiert, wer im Winter in der Gasversorgung Vorzug erhalten soll: die Menschen in den Wohnungen, damit sie nicht im Kalten sitzen, oder die Industrie, von deren Produktion Menschen Arbeit haben und auf deren Produkte Menschen angewiesen sind. Diese Diskussionen, in denen es um Verteilungsgerechtigkeit geht, werden uns in Zukunft immer stärker begleiten und zeigen uns, auf was wir zusteuern. Es ist dann eine Frage, ob wir geistig und seelisch gut auf diesen Diskurs vorbereitet sind, oder ob wir es uninteressiert aussitzen und dann panisch hysterisch reagieren, wenn die Gasspeicher leer sind oder Hitzepräventionsmaßnahmen zu spät kommen. Es gilt das alte Sprichwort: Der kluge Mensch baut vor. Deshalb sind die Begriffe der Vorsorge und der neuen ökologischen Gerechtigkeit so wichtig.

Norbert Weißmann: Haben Sie dafür konkrete Vorschläge?

Markus Vogt: Ideal wäre angesichts der globalen Bedrohung durch die Klimakatastrophe ein ökologischer Kraftakt der ganzen Gesellschaft mit einem klaren internationalen Signal. Politik sollte bereits bevor es zu Verteilungskämpfen kommt, die Bevölkerung zu freiwilligem Verzicht auffordern und wirksame Marktmechanismen einführen, die zur schnellen Reduktion von Treibhausgasen führen. Mittels eines Klimageldes könnten Einnahmen aus dem Emissionshandel wieder an die Bevölkerung ausgeschüttet werden, was den sozialen Frieden befördern würde. Wohlhabendere Menschen, die wegen großer Fahrzeuge, langer Fahrwege und großer Häuser oder Wohnungen für hohe Treibhausgasemissionen verantwortlich sind, würden durch den Emissionshandel stärker belastet als arme Menschen. Wenn das Klimageld gleichmäßig pro Kopf ausgeschüttet wird, sorgt dies für einen sozialen Ausgleich. Auch ein Tempolimit oder die Begrenzung von Innenraumtemperaturen in öffentlichen Gebäuden im Winter wären Vorsorgemaßnahmen. Kein Mensch nimmt es als Verzicht wahr, wenn vor einer Kita eine 30er-Zone eingeführt wird, damit kein Kind totgefahren wird. Die Reduktion von Treibhausgasemissionen bewirkt eine Reduktion von Klimatoten, das kann man nicht oft genug betonen.

Norbert Weißmann: Damit kommen wir zur Diskussion der politischen Kultur.

Worin besteht die politische Sprengkraft des Klimawandels?

Norbert Weißmann: Was Sie beschreiben klingt für mich wie der Aufruf zu einer Transformation der politischen Kultur. Worin besteht Ihrer Meinung nach die politische Sprengkraft des Klimawandels?

Christian Wilhelm: Wir haben schon bei der Pandemie einen Vorgeschmack der anstehenden Konflikte bekommen. Der Lockdown schränkte massiv die Freiheitsrechte ein, gleichzeitig brachen große Teile der Privatwirtschaft ein und konnten nur mit staatlicher Hilfe überleben. Die Maßnahmen waren solange verständlich, bis die Intensivstationen voll waren und die Gefahr bestand, dass die medizinische Grundversorgung gefährdet sein könnte, wenn sich nicht alle an die Einschränkungen halten. Als der Krisenzustand länger andauerte, wurden die Brüche im sozialen Zusammenhalt deutlicher. Während im Lockdown die Geschäfte offen blieben, die der Grundsicherung dienten, wurden andere zugemacht oder ausgebremst. Diese fühlten sich dann benachteiligt. Es kamen schließlich Zweifel auf, ob denn das Virus wirklich so gefährlich ist, und ob die wissenschaftlichen Daten wirklich stimmen würden. Je länger die Pandemie dauerte, desto mehr wurden einige unwilliger und wollten »ihr altes Leben zurück«. Im Falle einer Pandemie kann und konnte man erwarten, dass sie irgendwann endemisch wird und abebbt oder durch einen Impfstoff unter Kontrolle zu bringen ist. In den meisten Köpfen lebte die Vorstellung, dass die Einschränkungen nur vorübergehend seien; spätestens aber in einigen Jahren Geschichte sind. Genau diesen Charakter eines zeitlich begrenzten Ereignisses trägt die Klimakatastrophe gerade nicht: Jenseits der 1,5 Grad

Erwärmung werden die Einschränkungen häufiger und dramatischer werden, ohne dass man hoffen kann, dass der alte Zustand zurückkommt, wo Überschwemmungen, Dürren, Extremhitze seltene Jahrhundertereignisse waren. Nach jeder Katastrophe wird die bange Frage gestellt: »Wann wird es uns wieder treffen und wie schlimm dann?«. In manchen Regionen, zum Beispiel in Flusstälern, wird sich die Frage des Wiederaufbaus stellen. Das wird von der Gesellschaft eine ganz neue Form der Solidarität für die notwendigen Maßnahmen der Daseinssicherung erfordern.

Norbert Weißmann: Das wirft die Frage nach neuen sozialen Sicherungssystemen auf. Denn diese müssen ja finanzierbar sein. Den staatlichen Leistungen muss ein wirtschaftlicher Ertrag aus der Gesellschaft gegenüberstehen, sonst gerät auch die staatliche Grundfinanzierung ins Wanken. Diese Frage haben ja viele Kritiker auch während der Covid-Pandemie gestellt als der Staat für existenzgefährdete Betriebe finanzielle Sicherungen bereitstellte.

Markus Vogt: Damit stellen Sie nicht nur die Frage nach den zukünftigen finanziellen Belastungen, die die Klimakatastrophe nach sich ziehen wird, sondern auch nach der Verteilungsgerechtigkeit und der Robustheit der Sicherungsinstrumente.

Norbert Weißmann: Was meinen Sie mit der »Robustheit der Sicherungsinstrumente«?

Christian Wilhelm: Wir haben oben kurz angedeutet, dass in Krisen vom Gemeinwesen die wirtschaftliche Grundsicherung für alle erwartet wird. Das ist nicht nur in den reichen Staaten so, sondern auch in den ärmeren Ländern. In China ist zum Beispiel die Mehrheit der Menschen offenbar bereit, auf die politische Freiheit zu verzichten, wenn der Staat die Grundsicherung garantiert. Der lange Lockdown in Shanghai hat gezeigt, dass es für das politische System selbst in autoritären Ländern, gefährlich werden kann, wenn es nicht mehr in der Lage ist, die Grundbedürfnisse zu befriedigen. In der Klimakatastrophe werden in einer vollen Welt die Grundbedürfnisse der Ernährung, der Wasserversorgung, der Bereitstellung von Wohnraum unter menschenwürdigen Bedingungen zu einem Problem. Schon heute kommen bei Hitzewellen viele Menschen zu Tode, weil sauberes Wasser fehlt. Wenn im Freien tödliche Hitze herrscht und auch der Aufenthalt in nicht-klimatisierten Räumen unerträglich ist, dann nehmen das die Menschen nicht hin und stellen zu Recht die Systemfrage. Der Staat als Verantwortlicher für die Grundsicherung läuft Gefahr, durch die Vielzahl gleichzeitig auftretender Stressfaktoren überfordert zu werden. Mit solchen vieldimensionalen Krisen haben wir wenig Erfahrung.

Norbert Weißmann: Das klingt sehr bedrohlich. Können Sie uns an einem Beispiel erläutern, was Sie mit »vieldimensionaler Krise« meinen.

Christian Wilhelm: Nehmen wir als Beispiel eine deutsche Familie in den 1990er-Jahren. Eltern mit zwei kleinen Kindern wohnen in einer geräumigen Wohnung, die zwar eine teure Miete hat, aber sie können sie bezahlen. Die Eltern haben mit 1,5 Monatsverdiensten und gesunden Kindern ein solides Auskommen. Nun tritt die erste Krise auf: Durch einen Unfall wird der Hauptverdiener berufsunfähig und die aus der sozialen Versorgung bezahlte Rente ist deutlich kleiner. Zudem wird durch sein Leben im Rollstuhl das Leben teurer. Es ist eine behindertengerechte Wohnung nötig, den Rest kann man sich vorstellen. Eigentlich wollte die Familie Wohneigentum erwerben, um für die Kinder und das Alter vorzusorgen. Diesen Plan müssen sie nun aufgeben. Nun kommt eine zweite Krise hinzu: Die Mieten und die Nebenkosten erhöhen sich innerhalb kurzer Zeit dramatisch, so wie wir das in den letzten Jahren erlebt haben. Auch die Lebensmittelpreise steigen und die Familie kommt nun an die Existenzgrenze, da sie keine Reserven mehr hat. In dieser Situation zerstört eine Gewitterzelle das Wohnhaus, in dem sie wohnen. Sie werden obdachlos und können sich nun aus eigener Kraft nicht mehr helfen; die Schäden in der Region sind aber so hoch, dass auch die staatliche Existenzsicherung überlastet ist, da nicht nur die Menschen in der zerstörten Region, sondern auch alle anderen Bürger des Landes Hilfe brauchen, um ihr Leben sichern zu können. Die Wirtschaft leidet und in der Summe, gehen die staatlichen Einnahmen so zurück, dass die Grundsicherung für alle nicht mehr garantiert werden kann. Nun sind nahezu alle in Not, wer wird dann den Schrei dieser Familie noch hören?

Norbert Weißmann: Auch wenn ich diese Geschichte nun schon ziemlich extrem finde, kann ich mir vorstellen, dass solche Szenarien in der Zukunft denkbar sind. Aber spielen Sie da nicht mit der Angst der Menschen? Nach der Ansicht vieler Menschen sind diese Ängste übertrieben. Sie meinen, dass es schon nicht so weit kommen wird.

Christian Wilhelm: Ich hatte oben schon auf die Situation im Ahrtal hingewiesen. Die Schäden sind dort so hoch, dass schon jetzt klar ist, dass Staat und Versicherungen nicht vollständig entschädigen können. Wenn in Zukunft noch Hitzeschäden zum Beispiel in der Landwirtschaft hinzukommen, wird es an mehreren Stellen gleichzeitig einen großen Bedarf an existentiellen Hilfen geben. Dann kommen auch reiche Staaten wie Deutschland an ihre Grenzen.

Norbert Weißmann: Viele werden in diesem Fall argumentieren, dass dann die reichen Staaten den ärmeren einfach nicht mehr helfen können.

Markus Vogt: Das ist leider so zu erwarten. Wir leben in den reichen Staaten seit Jahren mit dem Zustand, dass es solche Schicksale schon millionenfach in der Welt gibt. In Indien, Afghanistan, Venezuela, im Sudan, aber auch in den reichen USA sind Staaten nicht in der Lage oder willens, ihren Bürgerinnen und Bürgern eine Grundsicherung zu gewährleisten, wie wir sie gewohnt sind. Die Klimakatastrophe wird absehbar zu einer Situation führen, dass diese Extremsituation fehlender Existenzsicherung zu einem globalen Grundzustand wird.

Norbert Weißmann: Und die von Deutschland geleistete Entwicklungshilfe ist bei Weitem nicht ausreichend, um die Not in der Welt signifikant zu lindern. Was schlagen Sie für heute vor?

Markus Vogt: Es gibt zur Vermeidung solcher Szenarien kein Patentrezept. Aber es gibt einige Haltungen, die wir jetzt schon lernen und einüben können, um in solchen Vielfachkrisen zu bestehen. Darüber werden wir dann am Ende des Dialogs sprechen. Zunächst soll es um die Änderungen in unserem Kopf gehen, die erforderlich sind, damit wir die notwendigen Haltungen auch gern und mit Gewinn als Lernprogramm in uns aufnehmen.

Wie müssen wir unser Verhältnis zur Natur neu bestimmen?

Sich als Teil der Natur verstehen lernen

Norbert Weißmann: Sie hatten schon davon gesprochen, dass wirksamer Klimaschutz verlangt, dass die Mehrheit in den Gesellschaften eine neue Haltung zur Natur lernen muss. Welche Haltung gilt es zu korrigieren und wie sollte sich unsere Einstellung zur Natur praktisch ändern?

Markus Vogt: Es gibt ganz unterschiedliche Perspektiven, wie die ökologischen Probleme überwunden werden können. Naturwissenschaftler, Wirtschaftsvertreterinnen und Politiker setzten häufig auf technische Innovationen. Dieses Modell ist allgemein sehr beliebt, da es am wenigsten mit unbequemen Änderungen des eigenen Lebensstiles verbunden ist. Es vermittelt den Eindruck, dass man nur eine andere, also nachhaltige Technik verwenden muss, und dann kann in der vollen Welt alles beim Alten bleiben.

Norbert Weißmann: Was ist daran so falsch? Der CO_2-Ausstoß in der EU hat seit 1990 um circa 40 Prozent abgenommen, ohne dass unsere wirtschaftliche Leistung nachgelassen hätte. Das zeigt doch, dass man auf weitere technische Fortschritte und wirtschaftspolitische Maßnahmen wie den Emissionshandel vertrauen darf, um die Klimakrise zu stoppen.

Markus Vogt: Die Erfahrungen zeigen, dass technische Innovation für sich allein genommen nicht hinreichend ist, weil viele Entlastungen für die Umwelt durch eine noch schnellere Steigerung des Anspruchsniveaus überkompensiert werden. Auch der Emissionshandel kommt an seine Grenzen, wenn wir nicht zusätzlich an einer grundlegenden Einstellungs- und Verhaltensänderung arbeiten. Ein Beispiel dafür ist der Verkehrssektor: Aufgrund technischer Verbesserungen verbrauchen Verbrennermotoren heute sehr viel weniger Sprit pro abgegebener Leistung, sind also ökologisch sauberer. Dennoch wurde noch nie so viel Treibstoff im Verkehr verbraucht wie heute, weil wir viel mehr fahren und die Autos immer größer und schwerer werden. Man nennt das in der Umweltwissenschaft den »Bumerang-Effekt« (rebound effect). Falls ein weltweit eingeführter Emissionshandel im Verkehrssektor dazu führen würde, dass in wenigen Jahren global nur noch Elektrofahrzeuge genutzt würden, dann wäre das zunächst ein riesiger Erfolg. Nähmen die Fahrzeuge aber weiter an Zahl und Größe zu, dann bräuchte man immer noch extrem viele Ressourcen, deren Gewinnung mit immer weiter gesteigertem Landschaftsverbrauch und der weiteren Abnahme der Biodiversität verbunden wäre, um immer wieder neue Fahrzeuge herzustellen und auch den Strom für diese gigantische E-Fahrzeugflotte zu erzeugen. Denken wir nur an die große Menge an Metallen und Beton die schon jetzt für immer größere Windkraftanlagen-Parks verbraucht werden.

Norbert Weißmann: Darf ich Sie so verstehen, dass Sie technologischen Fortschritt und effektive Marktmechanismen zwar beide als nötig, aber nicht als hinreichend für die Krisenbewältigung ansehen? Auch sollten wir uns an dieser Stelle noch einmal in Erinnerung rufen, dass die Krise dreifach ist: Klima, Biodiversität und Pandemien!

Markus Vogt: Vollkommen richtig. Ein unumschränkter Glaube an technische Innovationen oder an die Macht des Marktes ist sogar definitiv hinderlich, weil es die nötige kulturelle und geistige Transformation behindert. Wenn die Vertreter der Marktliberalität offensiv die Meinung vertreten, man müsse nicht am globalen Mindset arbeiten, springen sie zu kurz.

Christian Wilhelm: Verkomplizierend kommt noch hinzu, dass viele Vertreter des Globalen Südens die ökologische Herausforderung des Klimawandels vorwiegend als ein Gerechtigkeitsproblem sehen. Das Konzept der Nachhaltigkeit, das im Kern eine Kombination von Umweltschutz und Armutsüberwindung verspricht, folgt wesentlich dieser Spur. Die Beseitigung der Armut ist unverzichtbar, wollen wir die Menschenrechte nicht komplett über Bord werfen.

Markus Vogt: Aus der Sicht Christlicher Sozialethik sind technische Innovationen und globale Gerechtigkeit beide wichtig und notwendig. Sie sind aber nicht erreichbar ohne eine gleichzeitige tiefgehende Transformation des Naturverhältnisses der modernen Zivilisation. Beide Ziele sind nur erreichbar, wenn wir uns konsequent als Teil der Natur begreifen und akzeptieren, dass der Mensch die natürlichen Stoffkreisläufe respektieren muss, sich letztlich als einen integralen Teil der Kreisläufe begreift.

Norbert Weißmann: Können Sie uns die notwendige geistige Änderung für diese Transformation erläutern?

Christian Wilhelm: Bisher dienten die technologischen Entwicklungen dem materiellen Wohl einer bestimmten kulturellen Gruppe. Natürliche Ressourcen wie Metalle, Öl, Holz, Pflanzen und Tiere waren weitestgehend kostenlose Materialien. Diese Ressourcen standen oft nur durch die humane Ausbeutung durch Sklaverei so »preiswert« zur Verfügung und sind bis heute eine ethische Bürde. Niemand fühlte sich verantwortlich, die mit ihrer Indienststellung entstehenden Schäden zu reparieren, oder die Ressourcen zu schonen oder zu schützen. Umweltschutz entstand als Idee erst, als der Mensch selbst Opfer seiner angerichteten Schäden wurde, als er zum Beispiel durch Umweltgifte erkrankte. Dahinter steht die Philosophie »wir interessieren uns nur insofern für den Naturschutz, wie wir die Natur brauchen«. Wir fangen erst an mit Phosphor in der Pflanzendüngung zu sparen, wenn Phosphor knapp und damit teuer wird. Wir fangen erst an über Rohstoffe nachzudenken, wenn sie knapp werden. Ob die Rohstoffe ersetzbar sind, ob sie nachkommenden Generationen überhaupt noch zur Verfügung stehen, weil die Vorkommen ausgebeutet wurden, interessiert uns nicht. Genauso ist es bei natürlichen Ressourcen. Das Insektensterben interessiert uns erst, wenn die Bauern durch die fehlende Bestäubung mit Einbußen rechnen müssen, sonst ist uns die Vielfalt der Insektenwelt egal. Spöttisch wird darüber gesprochen, wenn wegen des Schutzes seltener Arten Baugenehmigungen verweigert werden. Die Bedürfnisse der Natur haben immer hinter denen des Menschen zurückzustehen. Diese Haltung hat aber die Natur nun so in Bedrängnis gebracht, dass der Mensch selbst in Not gerät. Daher müssen wir in unseren Köpfen von dieser Haltung Abschied nehmen. Sie führt ins Verderben. Das ist mit dem Begriff der »geistigen Transformation« gemeint: Wir müssen uns mit einer gewissen Demut in die Kreisläufe der Natur einfügen, wenn wir auf Dauer Bestand haben wollen.

Norbert Weißmann: Kann man an Beispielen erklären, wie sich diese veränderte Haltung konkret auswirken soll?

Christian Wilhelm: Bisher ging man davon aus, dass sich der Mensch jedes Land von der Natur nimmt, was er denkt zu brauchen. Nun wurde in UN-Biodiversitätskonferenzen vertraglich vereinbart, dass sich der Mensch aus weiten Teilen der Natur zurückziehen muss. Selbst weite Teile der Meeresoberfläche sollen komplett unter Schutz gestellt werden. Ein Beispiel für die zu erwartenden positiven Effekte ist die Erfolgsgeschichte der Wiederbesiedlung des Wolfes im Yellowstone-Nationalpark. Seine Rückkehr hat die Natur verändert, selbst Flussläufe, weil durch die Reduktion der Pflanzenfresser Pflanzen besser wachsen können und durch die größere Bodenbedeckung weniger Erosion stattfindet. Wir müssen die ungestörte Natur wieder als das begreifen, was sie schon in der Vergangenheit für den Menschen war: Ursprung und Quelle des Lebens.

Norbert Weißmann: Das klingt für mich aber noch immer sehr zweckbezogen, nach dem Motto: Wir überlassen die Natur der Natur, damit alles besser funktioniert. Wenn es dann nicht besser funktioniert, verabschieden wir uns wieder von der Naturliebe.

Markus Vogt: Da haben Sie Recht. Man braucht für einen solch drastischen Wandel im Naturverständnis auch religiöse oder spirituelle Argumente, auch wenn sich heute die meisten Mitmenschen eher als nicht-religiös verstehen. Schauen wir in die Schöpfungsgeschichte der Bibel. Das hebräische Wort für Mensch heißt Adam, wörtlich der »Erdling«, der aus dem Ackerboden geformte, der Teil der Erde ist. Papst Franziskus schreibt: »Wir vergessen, dass wir selber Erde sind (vgl. Gen 2,7). Unser eigener Körper ist aus den Elementen des Planeten gebildet; seine Luft ist es, die uns den Atem gibt, und sein Wasser belebt uns.«[1] Auch der lateinische Begriff für Mensch weist in eine ähnliche Richtung: homo, »Mensch«, kommt von humus, »Boden«. Wir leben von den Pflanzen, die im fruchtbaren Boden wachsen und anorganische Stoffe in organische Substanz verwandeln können, die uns ernähren und mit dem Lebensnotwendigen versorgen. Unsere ganze Existenz ist abhängig von unseren Mitgeschöpfen, den Pflanzen und Tieren. Indem wir uns solidarisch mit ihnen verbunden wissen, schützen wir zugleich auch unsere eigenen Lebensgrundlagen. Denn »Alles ist mit allem verbunden« wie Papst Franziskus vielfach betont.[2] Franziskus nennt dies »integrale Ökologie«. Mit dieser Haltung zur Natur stellt sich der Papst in die Reihe anderer Autoren. Nach Eva Horn geht es der neuen erdgeschichtlichen Epoche des Anthropozäns, in der der Mensch zum geologisch wirksamen Faktor geworden ist, »um nicht mehr und nicht weniger als um eine andere Art des In-der-Welt-Seins«[3]. Es komme darauf an, den Menschen nicht mehr als Krone der Schöpfung zu verstehen, sondern als Teilnehmer an Netzwerken. »Das zukünftige Denken im Anthropozän zielt darauf, menschliche Lebensformen und nicht-menschliches Sein als gemeinsamen Zusammenhang zu denken.«[4] Wenn man sich weigere, den Eigenwert der nicht-menschlichen Formen des Seins anzuerkennen, ergäben sich sofort Konflikte zwischen ökologischen Zielen und wesentlich akuteren Problemen wie Armut, sozialer und ökonomischer Gerechtigkeit.

Norbert Weißmann: Diese Haltung klingt zunächst angenehm wie eine Sonntagspredigt. Aber treten nicht immer dann sofort Konflikte auf, wenn von der Wirtschaft gefordert wird, dass sie nicht nur Lippenbekenntnisse abgibt oder Greenwashing betreibt, sondern konkret Rücksicht auf Mitgeschöpfe nimmt und Wert auf die Schonung der Ressourcen legt?

Markus Vogt: Richtig, dieser Konflikt poppt immer wieder auf. Er kann nur gelöst werden, wenn die Ethik ein neues Fundament erhält, bei dem der Mensch nicht der einzige Endzweck ist. Paradoxerweise ist der Respekt des Menschen vor der Natur die Voraussetzung für sein eigenes Weiterbestehen. Das Ziel der Abschaffung von Armut, sozialer und ökonomischer Ungerechtigkeit ist ohne das Wahrnehmen einer ökologischen Verantwortung zum Scheitern verurteilt.

Christian Wilhelm: Fast alle Menschen lieben die Natur, man schaue sich nur die unendlich vielen Videos auf Instagram an, die eine wunderbare, oft sogar idealisierte Natur zeigen. Und was beeindruckt am meisten? Sonnenuntergänge, schöne Blumen, wilde Natur, Tiere in freier Wildbahn, oder Tiere die uns in ihrem Verhalten ähnlich sind. Man kann unseren Umgang mit der Natur mit einem Schmetterlingsliebhaber vergleichen, der seinen geliebten Tieren ganz nahe sein möchte, sie umarmt, drückt – und dabei zerstört. Wir müssen uns zurücknehmen und die Natur eher beobachten, ihr Raum für Regeneration und Selbstregulation geben statt sie fortlaufend beeinflussen, beherrschen zu wollen.

Norbert Weißmann: Wenn ich von diesem Gesprächsabschnitt ein Fazit ziehen sollte, würde ich mit Eva Horn sagen: »Wirkliche und radikale ökologische Verantwortung kann nicht auf einer ethischen Basis stehen, die den Menschen als einzigen Endzweck annimmt.«[5] Es muss darum gehen, den Menschen im Gefüge des Lebendigen zu verorten, als ein Wesen, das verwandt ist mit allem Lebendigen.[6] Dies impliziert ein Verständnis der Natur, das diese nicht bloß als Ressource, sondern als Zusammenhang des Lebendigen begreift.

Verantwortung für kommende Generationen

Norbert Weißmann: Ein weiterer Aspekt einer neuen Geisteshaltung ist die Bereitschaft, das Lebensrecht der zukünftigen Generationen stärker in aktuellen Entscheidungen zu berücksichtigen. Das wurde im schon früher erwähnten Urteil des Bundesverfassungsgerichts von 2022 betont und wegen dieses Prinzips die Regierung gezwungen, entschiedenere Klimaschutzgesetze zu verabschieden. Wie bewerten Sie diese Entscheidung aus umweltethischer Sicht?

Markus Vogt: Dieser Gedanke ist nicht neu. Schon in der frühen Phase der umweltethischen Debatte wurde die Notwendigkeit des Natur- und Umweltschutzes vor allem mit dem Argument vertreten, dass eine Verantwortung zwischen den Generationen ein unverzichtbares Element ist. Paradigmatisch dafür steht das 1979 erstmals veröffentlichte Buch von Hans Jonas »Prinzip Verantwortung«. Jonas erweiterte den kategorischen Imperativ von Immanuel Kant auf die generationenübergreifende Formulierung »Handle so, dass die Wirkungen deiner Handlung verträglich sind mit der Permanenz echten menschlichen Lebens auf Erden.«[7] Übrigens haben wir schon oben darauf hingewiesen, dass es im Kreditwesen den Grundsatz des Generationenschutzes gibt.

Norbert Weißmann: Aber braucht es eine solche Erweiterung überhaupt? Eine ursprüngliche Formulierung des kategorischen Imperativs durch Kant lautet: »Handle nur nach derjenigen Maxime, durch die du zugleich wollen kannst, dass sie ein allgemeines Gesetz werde.« Wenn mein Verhalten (die Maxime meiner Handlungen) zu einem CO_2-Ausstoß von 10 Tonnen führt, aber nur 2 Tonnen verträglich sind mit einem dauerhaften Fortbestand der Zivilisation, wie wir sie kennen, dann wäre doch schon Kants Aussage ausreichend für eine grundlegende Einstellungsänderung. Schließlich kann ich ja nicht wollen, dass die Maxime des Durchschnittsdeutschen, also 10 Tonnen Ausstoß, zur Richtschnur auf diesem Planeten wird.

Markus Vogt: Man sieht, dass wir heute Kant nicht so umsetzen, wie er es eigentlich fordert. Daher ist eine stärkere Neuformulierung und Erweiterung angesichts der ökologischen Selbstgefährdung unabdingbar. Solange die Natur nicht wegen ihres Eigenwertes als schützenswert betrachtet wird, sondern nur im Blick auf den kurzfristigen Nutzen für den Menschen, muss das neu formuliert und öffentlich bewusst gemacht werden. Zwar wurde schon 1994 Umweltschutz als Staatsaufgabe in das deutsche Grundgesetz mit dem Argument der generationenübergreifenden Verantwortung eingeführt (Art. 20 a GG), aber solange das keine konkreten rechtlichen Auswirkungen hat, bleibt es wirkungslos. Wir brauchen eine umfassende Weiterentwicklung unserer Verfassung mit weitreichenden Schutzpflichten für die Natur. Es ist zu wenig klar in den Köpfen, dass die Einlösung des Anspruchs generationenübergreifender Gerechtigkeit durch die Erderhitzung, den beschleunigten Verbrauch natürlicher Ressourcen sowie durch die zunehmende Verschmutzung der Umwelt massiv gefährdet ist. Wir leben mit einer wachsenden Hypothek auf die Zukunft. Die Umweltethik fordert daher global wirksame Konsens- und Durchsetzungsstrukturen für intergenerationelle Daseinsvorsorge. Die Sicherung der Funktionstüchtigkeit der Biosphäre heute ist die wichtigste Sozialleistung für die Zukunft. Nötig ist eine umfassend ausgerichtete Zukunftsethik für die technologische Zivilisation.

Norbert Weißmann: Was verstehen Sie unter technologischer Zivilisation?

Markus Vogt: Aufgrund der weltweiten tiefen Eingriffe in die Natur sind die Lebenschancen der künftigen Generationen abhängig von den Entwicklungen in Wirtschaft, Wissenschaft, Technik und Konsum. Gerechtigkeit ist aufgrund der Naturdegradation nicht nur global, sondern auch in Bezug auf die kommenden Generationen massiv gefährdet. Gerade weil die zu erwartenden Klimaänderungen irreversibel sind, müssen die Naturzerstörungen anders bewertet werden als wenn sich die Natur wieder schnell für die nächste Generation erholen könnte. Daher müssen die ethischen Maßstäbe, die bei Investitionsentscheidungen angelegt werden oder die bei jeder Art von gesellschaftlicher Grundsatzdiskussion eine Rolle spielen um den Aspekt der langfristigen Zukunftsfähigkeit und der generationenübergreifenden Gerechtigkeit erweitert werden.

Norbert Weißmann: In der Vergangenheit haben die meisten gut gemeinten, technischen Innovationen die Lage des Planeten letztlich nicht verbessert, sondern zu einer neuen vorher unbekannten ökologischen Schieflage geführt. Denken wir nur an die verschiedenen Phasen der »grünen Revolution« im Bereich der Landwirtschaft. Die Einführung von Kunstdünger, Pestiziden und immer größeren Maschinen haben zwar zu einer erhöhten Produktivität, aber auch zur Abnahme der biologischen Vielfalt, einer Degradation der Böden, dem Absinken der Grundwasserspiegel und der Überdüngung von Seen und Meeren geführt. Daher wird von vielen gefordert, dass man der Natur mehr Raum lässt, ihr sogar Raum zurückgibt und diesen den Mitgeschöpfen weitestgehend eigenverantwortlich überlässt.

Christian Wilhelm: Und dies mit der berechtigten Hoffnung, dass die Natur in den ihr überlassenen Räumen ihre Diversität erhält und als Kohlenstoffsenke bei der Bekämpfung der Klimakatastrophe eine wichtige Rolle übernimmt.

Den Gerechtigkeitsbegriff auf die Natur erweitern

Norbert Weißmann: Wenn die Natur einen Eigenwert hat, ist es dann nicht notwendig, den Gerechtigkeitsbegriff auf die Natur zu erweitern?

Markus Vogt: Das ist wird in der Tat diskutiert. Der Begriff der »environmental justice« entstand in der amerikanischen Umweltbewegung und zielte ursprünglich auf Verteilungskonflikte innerhalb der Gesellschaft, weil Einkommensschwache überproportional Umweltbelastungen ausgesetzt sind. So sind ärmere Bevölkerungsschichten an ihren Wohnorten und am Arbeitsplatz oft mit deutlich höheren Belastungen durch Hitze, Lärm, giftigen Abgasen, vergiftetem Wasser, Staub und Umweltzerstörung konfrontiert, als begüterte Schichten. Aus rein menschlicher Sicht betrachtet, ist Umweltzerstörung zuallererst die Zerstörung der Lebenschancen der Armen. Daher die ursprüngliche Verknüpfung der Begriffe von Umwelt und Gerechtigkeit.

Norbert Weißmann: Das ist aber eher ein gesellschaftliches Gerechtigkeitsproblem, wie die Lasten der Umweltzerstörung verteilt werden beziehungsweise wo genau Mittel zur Verbesserung der Infrastruktur eingesetzt werden. Bevor der erste Mensch in irgendeiner Weise betroffen ist, hat die Natur bereits schwer gelitten.

Christian Wilhelm: Ja, deshalb ist es sinnvoll, den Begriff der Gerechtigkeit auch unmittelbar auf die Natur anzuwenden. Dem entspricht der Begriff »ökologische Gerechtigkeit« (ecological justice) wie er durch die von Norwegen ausgehende Bewegung der Tiefenökologie geprägt wurde: Es ist beispielweise ungerecht, wenn der Mensch mit seinen Nutztieren im Anthropozän den Großteil der Lebensräume beansprucht und Wildtiere massiv verdrängt. Menschen und Nutztiere machen, wie wir schon oben gezeigt haben, inzwischen 96 Prozent der Biomasse der Landwirbeltiere aus. Es verletzt die Grundlagen der Gerechtigkeit, wenn der Mensch durch die Art der Landnutzung sowie der Verbrennung fossiler Energien das sechste große Artensterben in der Geschichte des Lebens verursacht. Im Tierschutz kann man bestimmte Mindeststandards der artgerechten Tierhaltung als Pflichten der Gerechtigkeit verstehen.

Norbert Weißmann: Deswegen haben die Kirchen wie zum Beispiel die deutsche Bischofskonferenz in ihrer Schrift zum Klimawandel den Begriff der ökologischen Gerechtigkeit prominent im Titel aufgegriffen, indem sie den Klimawandel als »Brennpunkt globaler, intergenerationeller und ökologischer Gerechtigkeit« bezeichnet haben.[8] Ist es richtig, den Fokus so sehr auf den Klimaschutz zu legen?

Markus Vogt: Da sprechen Sie einen zentralen Punkt an. Es ist unmöglich, alle Tiere, Pflanzen und Lebensräume in gleicher Weise zu schützen. Es bedarf der Prioritätensetzung sowie der Abstufung von Rechten und Schutzpflichten. Gerechtigkeit hat im Kern immer mit Verteilungskonflikten und konkurrierenden Ansprüchen auf Rechte und Güter zu tun. Um dies zu entscheiden braucht man Kriterien für die Bewertung und Entscheidung. Ein wichtiger Gesichtspunkt ist dabei die funktionale Bedeutung in ökologischen Wirkungsketten. Aber auch Kriterien wie Grad der Komplexität, Schmerzempfindung, Gesundheit, Schönheit sind relevante Kriterien. Deren Auswahl und Gewichtung lässt sich nicht rein objektiv aus der biologischen oder ökologischen Forschung ableiten. Sie ist auch eine Frage der gesellschaftlichen Konsensbildung.

Norbert Weißmann: Die Änderung grundlegender juristischer Einstufungen ist ein sehr langwieriger Prozess, und das Einklagen von Rechten basierend auf diesen Einstufungen kann wiederum viele Jahre in Anspruch nehmen.

Christian Wilhelm: Bisher werden die Eigenrechte der Natur in Deutschland sowie in den meisten Ländern weltweit massiv vernachlässigt. Es braucht ein »Ökologisches Grundgesetz«[9], um das komplexe Gefüge der konkurrierenden Ansprüche verbindlich zu klären. Dabei könnten Pflanzen, Tiere oder Flüsse und Berge durchaus als Rechtssubjekte formuliert werden, für die dann – stellvertretende Menschen einen entsprechenden Schutz einklagen können. Schließlich kennt das internationale Recht ja auch Unternehmen als »Rechtspersonen«. Warum sollte dies dann nicht auch für Naturwesen möglich sein? Es ist keineswegs angemessen, dass diese in der Rechtssystematik nur als Sachen eingestuft werden.

Norbert Weißmann: Das klingt alles sehr einleuchtend, sehr edel. Aber was sagt man den Bauern, die gegen die Politik der »Grünen Weltverbesserer« sturmlaufen?

Markus Vogt: Hier hilft meines Erachtens nur der gemeinsame Dialog am runden Tisch. So wie der Ökoexperte erwartet, dass sich die konventionelle Landwirtin mit ökologischen Fragestellungen auseinandersetzt (die die meisten »Ökos« nur von der Theorie oder Erfahrungen aus ihren Kleingärten her kennen), so muss sich der »Grüne Weltverbesserer« auch auf die Argumente des landwirtschaftlichen Praktikers einlassen (der nur sehr schwer von seinen oft jahrzehntealten Verfahren abrücken kann). Es gibt kein Ideal im »entweder – oder«, sondern nur einen Prozess hin zum Besseren, und den nur gemeinsam.

Notwendige Traditionsbrüche: Das Verhältnis von Gott, Mensch und Natur muss neu ausbuchstabiert werden

Norbert Weißmann: Wenn ein neuer rechtlicher Status der Natur vorgeschlagen wird, dann ist das ein Traditionsbruch. Die bisherige Sicht der Welt ist stark von den Religionen mitbestimmt worden, haben diese sich doch intensiv mit dem Verhältnis von Gott, Mensch und Natur auseinandergesetzt und entsprechend ihrer Lehren eine Vielzahl von Regeln aufgestellt. Welche Neuorientierung im Sinne eines Ökologischen Grundgesetzes wird von Seiten der Naturrechtler gefordert?

Markus Vogt: Auch wenn sich heute nur noch eine gesellschaftliche Minderheit als religiös fühlt, so bestimmen doch gerade in unserer Gesellschaft biblische Grundlagen stark unser Wertedenken. In der Bibel wurde die Beziehung zwischen dem Menschen und der Natur aus einer völlig anderen Situation entwickelt als wir sie heute vorfinden. Wir hatten schon am Anfang unseres Gesprächs auf die Unterschiede einer »leeren« und einer vollen Welt hingewiesen. Die religiösen Grundvorstellungen entstanden in allen Religionen in einer »leeren Welt«, in der es sinnvoll war, Zugriff auf die Natur durch Beherrschen und Erobern der freien Räume in den Mittelpunkt zu stellen. Dies gilt heute aber nicht mehr. Insbesondere wegen der immer noch rapide wachsenden Anzahl der auf dem Planeten lebenden Menschen und ihren steigenden Ansprüchen ist es notwendig, von einer erobernden Haltung zu einer fürsorgenden Haltung gegenüber der Natur überzugehen. Wenn man heute dem Leben dienen will, muss man von der traditionellen Haltung Abschied nehmen und die Eigeninteressen der Natur ins Zentrum des Handelns stellen.

Norbert Weißmann: Erfordert das nicht auch ein radikales Umdenken in der christlichen Theologie? Die christliche Tradition ist ja eng mit der naturvergessenen Zivilisation der Moderne verknüpft.

Markus Vogt: Das ist richtig. Der Historiker und Mittelalterforscher Lynn White, der Ende der 1960er-Jahre durch seine Kritik am angeblichen biblischen Herrschaftsauftrag als kulturgeschichtlicher Wurzel des aggressiven, besitzergreifenden und letztlich zerstörerischen Naturverhältnisses der abendländischen Moderne weltweit bekannt wurde, spricht von der Notwendigkeit eines »rethinking our own religion« [10]. Diese harsche Kritik an der christlichen Tradition wurde weltweit intensiv vorgetragen.[11] Sie passte im Deutschland Ende der 1960er-Jahre bestens in das geistige Klima radikaler Gesellschaftskritik, die von kirchlicher und theologischer Seite teils heftig abgewehrt, teils positiv aufgegriffen wurde. Dies ist ein bis heute spürbarer Hintergrund dafür, dass das Umweltthema insbesondere in der katholischen Kirche extrem heterogen behandelt wird. Die von Lynn White angestoßene und im deutschen Sprachraum von Carl Améry eingeführte Debatte hat die Kontroversen um christliche Umweltethik in den letzten 50 Jahren maßgeblich geprägt. Die radikale Kritik war jedoch keineswegs neu: Schon 1913 hatte Ludwig Klages in seiner Rede »Mensch und Erde« den modernen weltgeschichtlichen Fortschritt als »Gegenstellung zur gesamten Natur« gedeutet und das Christentum mit seinem Herrschaftsauftrag im ersten Kapitel des Genesisbuches als dessen geistigen Vater an den Pranger gestellt.[12]

Norbert Weißmann: Aber diese Kritik kam ja auch von Philosophen außerhalb der Theologie. So schrieb schon 1977 Erich Fromm in seinem Buch »Haben oder Sein«: »Fast alle Argumente sprechen dafür, dass wir, so weitermachend, in die Katastrophe schlittern« [13]. Das war ja schon ein starkes Wort gegen das Dominanzverhalten des Menschen.

Christian Wilhelm: Und Fromm führt fort: »*Ich sage aber auch,* so lange noch in Fragen des Lebens eine kleine Chance besteht – sagen wir von ein oder zwei Prozent – so lange darf man nicht aufgeben.« Ich finde dieses Statement wirklich stark und jede/r politisch Verantwortliche sollte es sich an den Spiegel kleben. Aber zurück zur Frage der Traditionsbrüche. Während die Kritik am Herrschaftsauftrag aus dem Mund der Philosophen erst in der Neuzeit auftaucht, findet man die Kritik an der Naturbeherrschung durch den Menschen schon bei den Kirchenvätern. So deutet beispielsweise Hieronymus das Bibelwort »Macht Euch die Erde untertan« als anmaßenden und ungerechtfertigten Unterwerfungsanspruch ähnlich dem der Römer für ihr Imperium.[14] Geistig prägend wird der Herrschaftsanspruch über die Natur freilich erst in der Neuzeit mit dem Aufkeimen der harten Naturwissenschaften, zum Beispiel durch die Aussagen von Descartes. Die Natur gilt als Verfügungsmasse zum Zweck der Verbesserung humaner Lebensbedingungen. Sie ist nur geistlose Materie. Vergleicht man diese in der westlichen Zivilisation tief eingegrabene Theorie der Überlegenheit des Menschen mit den hehen Naturauffassungen vieler noch verbliebener indigener Gesellschaften, dann kann man sie durchaus als Spätfolge des imperial gedeuteten biblischen »Herrschaftsauftrags« verstehen. »Die Naturvergessenheit der Moderne kann auf einer ideengeschichtlichen Ebene als Folge der Säkularisierung des imperial gedeuteten ›Herrschaftsauftrags‹ verstanden werden.«[15]

Norbert Weißmann: Gab es nicht auch Gegenpositionen zu dieser extremen Sichtweise?

Christian Wilhelm: Durchaus. So kennen wir in der christlichen Tradition auch »grüne Außenseiter« wie Franz von Assisi, Hildegard von Bingen, Jakob Böhme oder Albert Schweitzer. Es wäre aber verharmlosend und irreführend, sich durch den Verweis auf diese Personen über den Hauptstrang der Deutungs- und Wirkungsgeschichte des biblischen Herrschaftsauftrages in der europäischen Geistesgeschichte hinwegzutäuschen. Diese ist aus heutiger naturethischer Sicht fatal. Das Verhältnis von Gott, Mensch und Natur muss neu austariert werden. Der Traditionsbruch beinhaltet, dass viele Menschen heute keinen Zugang zu einer Gotteserfahrung haben, aber trotzdem die Erfahrung von Lebenssinn und Freiheit kennen. Die Schwierigkeiten vieler Menschen heute, Gott in ihrem Leben zu entdecken, kann ein Stück weit überwunden werden, wenn es gelingt, die Spuren Gottes in der Schöpfung zu entdecken. Er ist das Geheimnis der Schöpfung, die Seele der Welt.

Norbert Weißmann: Vertieft man sich in die Schönheit und die Geheimnisse der Natur, dann kann man sicher auch als nichtreligiöser Mensch eine Erfahrung von Transzendenz, etwas vom Geheimnis Gottes erfahren.

Markus Vogt: Ja. Auch wenn wir darüber kaum in einer öffentlichen Debatte diskutieren, bilden diese geistigen Erfahrungen den Hintergrund für unsere Einstellung zur Natur und damit zu unserer Bereitschaft unser Leben zu verändern, um die Natur zu erhalten. Es gibt eine Einheit von Gottesglaube, Nächstenliebe und Liebe zur Natur. Wer behauptet, er liebe Gott, und dabei gleichzeitig die Natur zerstört, ist nicht glaubwürdig, denn Gott, der Schöpfer, liebt die von ihm geschaffene Welt und will in ihr entdeckt und geliebt werden.

Norbert Weißmann: Das würde ja bedeuten, dass engagiertes Handeln für Naturbewahrung und Klimaschutz in ähnlicher Weise religiöse Praxis ist, wie den Armen zu helfen. Würden Sie dem zustimmen?

Markus Vogt: Unbedingt. Im angeblichen Dualismus von Materie und Geist ist aus heutiger Sicht nicht das letzte Wort gesprochen. Nicht nur der Mensch hat Selbstbewusstsein, auch in der Natur gibt es Phänomene von Selbstbewusstsein. Aber der Mensch kann sich zu sich selbst verhalten, seine eigene Rolle reflektieren und dadurch Freiheit gewinnen. Wir müssen jedoch lernen, dass wir aufgrund unseres vermeintlichen Alleinstellungsmerkmals »Selbstreflexion« nicht aufhören, ein Teil der Natur zur sein. Der Mensch kann seine Identität nur finden, wenn er sich demütig der vielfältigen Abhängigkeit seines Überlebens von den biologischen und ökologischen Voraussetzungen seiner Existenz bewusst bleibt und diese in Respekt zu seinen tierischen und pflanzlichen Mitgeschöpfen ausgestaltet.

Eine neue ökosoziale Suchbewegung

Norbert Weißmann: Viele sagen, unsere Gesellschaft stecke in einer schweren Identitätskrise. Ich würde es gerne etwas freundlicher formulieren: Wir sind in einer »Midlife-Crisis« in der wir erkennen, dass es so nicht weitergehen kann. Viele Menschen stellen sich angesichts der derzeitigen gesellschaftlichen und politischen Umbrüche nicht nur die bange Frage nach ihrer persönlichen Zukunft, sondern suchen aktiv nach Wegen, wie ein besseres, nachhaltigeres Leben in Gemeinschaft gelingen kann. Können Sie einige Beispiele anführen, wie sich die neue ökosoziale Suchbewegung konkretisiert?

Christian Wilhelm: Ja, da ist erstens die Suche nach neuen Wohnkonzepten. Der Mensch ist ein auf Gemeinschaft angelegtes Wesen. Das steht im Kontrast zum Singledasein sehr vieler zumeist in Städten lebender Menschen.[16] Viele leben nicht in interessanten Quartieren, sondern in anonymen Wohnsilos. Sie stellen sich die Frage nach Alternativen, ob ein solidarischeres, gemeinschaftliches Leben möglich ist. Nach dem Verlust der Großfamilie zieht es manche jungen Familien oder alleinstehende ältere Menschen in ein Mehrgenerationenhaus. Das »Mietshäuser Syndikat« bildet einen Verbund von bundesweit 180 Hausprojekten und 18 Projektinitiativen. Jedes der Hausprojekte ist autonom, eine rechtlich selbstständige GmbH, also ein eigenes Unternehmen, das die Immobilie besitzt.[17] »Allen gemeinsam ist der kollektive Wunsch nach einem Haus, in dem es sich selbstbestimmt leben lässt, dem nicht irgendwann die Zwangsräumung oder Abrissbirne winkt; mit bezahlbaren Räumen, die nicht durch Hausverkauf oder Umnutzung latent bedroht sind. Dieser Wunsch steht am Anfang eines jeden Projekts. Wie wir wissen, werden Mietshäuser, die eine dauerhafte kollektive Selbstbestimmung der Bewohner*innen über die eigenen vier Wände vorsehen, auf dem normalen Immobilienmarkt nicht angeboten. Also fasst die betreffende Gruppe irgendwann den kühnen Plan, einen Hausverein zu gründen, um das Objekt der Begierde einfach zu kaufen.« [18]

Norbert Weißmann: Können Sie erläutern wie neue Wohnkonzepte mit der Klimakatastrophe zusammenhängen?

Markus Vogt: Natürlich sieht das erst einmal nur nach einer anderen sozialen Wohnform aus. Aber dadurch wird der Flächenverbrauch kleiner, unnötige Mobilität wird reduziert, Ressourcen wie technische Geräte, aber auch Energie werden besser und effizienter genutzt, ohne das Gefühl von Verzicht und Einsparung.

Norbert Weißmann: Gut, ich kann verstehen, dass dies für einige Leute ein Anfang sein kann und dann für immer mehr Menschen attraktiv wird, wenn sie sehen, dass es bei anderen funktioniert. Aber es werden sicher nicht so viele gleich ihre Wohnsituation verändern können. Gibt es weitere neue Ansätze, die es ermöglichen, den eigenen Lebensstil noch niedrigschwelliger zu ändern?

Christian Wilhelm: Da ist zweitens die Idee des Foodsharings. Angesichts der schnell voranschreitenden Urbanisierung des Planeten wird immer deutlicher, dass Städte nachhaltiger werden müssen, nicht zuletzt im Hinblick auf den Lebensmittelverbrauch. Hier hilft Foodsharing und es funktioniert so: Auf einer im Internet publizierten Karte findet jeder, der teilnehmen möchte, sogenannte »Fairteiler«, das sind Regale oder Kühlschränke, von denen man noch essbare Lebensmittel kostenfrei abholen oder auch dort abgeben kann. Zusätzlich gibt es Essenskörbe, in denen man eigene, überschüssige Lebensmittel zusammenstellen und anbieten kann, die sich dann andere abholen.[19] Das wird dann zu einer Art Nachbarschaftshilfe, die es unabhängig vom Foodsharing in vielen Großstädten heute schon erfolgreich gibt.[20] Ein Großteil der mit erheblichem Aufwand erzeugten Lebensmittel wird nicht konsumiert, sondern vernichtet, was angesichts von Hunger und Armut ein Skandal ist und außerdem eine ökologische Katastrophe. Viele Lebensmittelgeschäfte entsorgen daher ihre überschüssigen Waren nicht mehr am Abend in der Biotonne, sondern bieten sie zum Sonderpreis über die App »TooGoodToGo« an. Lebensmittelrettung ist ein sehr wichtiger Beitrag zur Verbesserung der individuellen und globalen Klimabilanz.

Norbert Weißmann: Klingt sehr ermutigend! Neben Wohnen und Essen ist Mobilität ein weiterer wichtiger Bereich, in dem man sein Verhalten ökologisch optimieren kann. Welche alternativen Mobilitätskonzepte sind am vielversprechendsten?

Markus Vogt: Durch die Corona-Pandemie wurden die vielfältigen Potentiale des Homeoffice mit einem Schlag weltweit entdeckt, was unmittelbaren Einfluss auf das Mobilitätsverhalten hatte. Viele haben zu schätzen gelernt, nicht mehr lange Wege zur Arbeit zurücklegen zu müssen. Viele Arbeitgeber haben dadurch Diensträume reduzieren können und die Beschäftigten Lebenszeit gewonnen. Für alle eine Win-win-Situation, die sich nun nach der Pandemie in vielen Arbeitsverträgen und neuen Arbeitsmodellen niedergeschlagen hat.

Norbert Weißmann: Aber das reduziert zunächst nur den Verkehr und ist längst noch kein Mobilitätskonzept.

Christian Wilhelm: Richtig. Aber ganze Städte hinterfragen ihr Siedlungs- und Mobilitätskonzept. So hat es sich Paris zur Aufgabe gemacht, alle täglich anzulaufenden Kontaktpunkte seiner Bewohner (Wohnung, Arbeit, Einkaufs- und Freizeitmöglichkeiten) in einen Umkreis von 15 Lauf- oder Fahrradminuten zu legen. Sollte das gelingen, so ließe sich die Verkehrslast der französischen Metropole drastisch reduzieren. So hat die Stadt Gent einfach die Innenstadt für Autos gesperrt. Von einem Tag auf den anderen und eine Stadtumgehung ausgeschildert. Erst war der Protest groß, jetzt finden alle die Lösung toll.

Ein anderes Beispiel ist die Fahrradwende-Bewegung, die in vielen Städten der Niederlande schon erfolgreich den Autoverkehr in Randbereiche verdrängt hat und den urbanen Raum lebenswerter macht.

Ein weiteres bekanntes Beispiel für eine groß angelegte Umgestaltung ist Barcelona. Es fasst innerhalb seiner schachbrettartigen Straßenarchitektur immer mehr Blocks zu sogenannten Superblocks zusammen. In diesen Superblocks werden »Grüne Achsen« angelegt, auf denen Fußgänger*innen und Radfahrer*innen Vorrang haben. Innerhalb der Blocks dürfen ausschließlich Anwohner*innen und Lieferverkehr motorisiert fahren. Es entstehen neue Plätze, Grünflächen, Begegnungsmöglichkeiten und sogar Arbeitsplätze in neu angesiedelten Geschäften.

Es gibt noch viele andere Beispiele. Wer weitere Beispiele sehen möchte, kann sich in der ARD-Mediathek die Sendung »Wir können auch anders – Besser unterwegs« anschauen.[21]

Norbert Weißmann: Das klingt alles interessant und macht Lust auf mehr. Aber das sind doch im Wesentlichen Vorschläge, die irgendwie noch an den Symptomen herumdoktern. Wie soll eine solche Transformation gehen, wenn bereits bei einem vorübergehenden Null-Wachstum vom Einbruch der Konjunktur und der Gefahr der »De-Industrialisierung Deutschlands« gesprochen wird und dass sofort wieder die Wirtschaft angekurbelt werden soll?

Markus Vogt: Transformation ist ein langfristiger Prozess und eine Zukunftsinvestition, die eine Menge Geld kostet. Das muss man haben, sonst wird die Transformation nicht gelingen. Diese Tatsache zu unterschlagen wäre unredlich. Aber, trotz dieser Schwierigkeit muss die Transformation angegangen und das »Weiter so« gestoppt werden. Wichtig wäre es, schrittweise, intelligente, in jedem Falle aber auch schnelle Auswege aus dem gegenwärtigen, auf ständigem Wachstum fußenden Wirtschaftssystem zu finden. Die Überwindung des »Prinzips des ewigen Wachstums«, das (spätestens) in den Jahrzehnten nach dem 2. Weltkrieg faktisch zum Dogma der Wirtschaftswissenschaften erhoben wurde, ist das klare Ziel vieler wachstums-kritischer Organisationen, die in ihrer Gesamtheit auch als Degrowth- oder Postgrowth-Bewegung bezeichnet werden. Ihr Credo ist, dass es kein »ewiges Wachstum«, auch kein »ewiges grünes Wachstum« auf einem endlichen Planeten geben kann.

Norbert Weißmann: Es handelt sich scheinbar um einen Krieg zwischen diametral entgegengesetzten Glaubenssätzen. Wie bei echten Kriegen stehen sich die Auffassungen relativ unversöhnlich gegenüber. Beide Sichtweisen haben von innen und außen gesehen ihre Berechtigung: Ein abrupter Ausstieg aus dem gegenwärtigen System, wie es die Aktivisten der Letzten Generation oder von Just Stop Oil fordern, ist nicht möglich, ohne einen Zusammenbruch der gegenwärtigen Wirtschafts- und Sozialsysteme. Die sozialen Spannungen wären kaum tragbar. Andererseits muss wegen des nur noch sehr geringen globalen CO_2-Budgets innerhalb weniger Jahre eine völlige Abkehr von der fossilen Wirtschaftsweise geschafft werden und überschüssiges CO_2 aus der Atmosphäre abgesaugt und dauerhaft eingelagert werden, soll die Klimakatastrophe wirklich verhindert werden.

Markus Vogt: Richtig, die Lage ist dramatisch, egal aus welchem Blickwinkel man auch auf sie schaut. Aber darin, dass so viele Menschen und Organisationen um den richtigen Weg streiten, liegt auch die große Chance auf einen zügigen Kurswechsel. Es ist extrem wichtig, dass die Gesellschaft die Klimakatastrophe nicht mehr verdrängt. Das zögerliche Handeln und die Leugnung der Dringlichkeit haben uns sehr viel wertvolle Zeit gekostet. Beim Versuch, das Thema im öffentlichen Diskurs zu halten, spielen Gruppen wie die Letzte Generation mit ihren provokanten Aktionsformen eine wichtige Rolle. Kritisch werden nicht ihre Anliegen, sondern die Protestformen gesehen. Nur Protestformen, die für eine breite Mehrheit nachvollziehbar sind, können auf Dauer zu einem Umdenken führen.

Norbert Weißmann: Wie zum Beispiel die Blockierung von Privatjets und Superjachten, die besonders klimaschädlich sind oder das Besprühen der Firmenzentralen von Unternehmen die den Ausbau von Öl- und Gasförderung weiter aktiv vorantreiben. Ein Großteil der Verantwortung für die missliche Lage des Planeten liegt ja an ihnen und den von ihnen finanzierten Lobbyorganisationen. Die fossilen Industrien und von ihnen finanzierte Politiker und Parteien, haben über Jahrzehnte den Klimawandel zunächst abgestritten, später verharmlost und Klimaforscher und ihre Erkenntnisse diskreditiert.[22]

Markus Vogt: Es ist einfach eine Tatsache, dass der Glaube an einen »ewigen Fortschritt«, verbunden mit einem permanenten Wachstum des Bruttoinlandsprodukts, zur Übernutzung der Biosphäre geführt hat und in dieser Form keine Zukunft hat. Das haben auch viele Verantwortliche in der Wirtschaft erkannt. Einerseits besitzt die Wachstumsgläubigkeit noch immer Züge einer Glaubensfrage. Andererseits arbeiten große Teile der Wirtschaft bereits am Umbau in eine nachhaltige Welt mit geschlossenen Stoffkreisläufen und CO_2-neutraler Produktion.

Norbert Weißmann: Ein Umdenkungsprozess ist im Gange, aber der Streit um die Notwendigkeit eines ewigen Wachstums nimmt an Schärfe zu. Kann ein »grünes Wachstum« in eine sichere Zukunft führen? Vielleicht sollten wir etwas näher auf diese Auseinandersetzung und ihre Hintergründe eingehen.

Christian Wilhelm: Ja, gerne. Spätestens seit dem Erscheinen des Buches »Die Grenzen des Wachstums«[23] fragen sich Forschende, wie man Wohlsein (Well-being) von Wachstum abkoppeln kann. So versucht die Degrowth-Bewegung zu belegen, dass Degrowth nicht mit Rezession zu verwechseln ist.[24] Nach Anitra Nelson und Vinvent Liegey bedeutet Degrowth nicht nur Schrumpfung, »sondern eine anders organisierte Gesellschaft mit einem kleineren Stoffwechsel, aber vor allem eine Gesellschaft mit einem Stoffwechsel, der anders strukturiert ist und neuen Funktionen dient. Degrowth heißt nicht, weniger vom Gleichen zu tun. Das Ziel ist nicht, einen Elefanten schlanker zu machen, sondern einen Elefanten in eine Schnecke zu verwandeln. In einer Degrowth-Gesellschaft wird alles anders sein: andere Aktivitäten, andere Formen und Verwendungen von Energie, andere Beziehungen, andere Geschlechterrollen, andere Zeitaufteilung zwischen bezahlter und unbezahlter Arbeit, andere Beziehungen mit der nicht-menschlichen Welt.«[25]

Norbert Weißmann: Das klingt sehr theoretisch und wie das vonstattengehen soll, ist unklar. Können Sie das an einem Beispiel erklären?

Markus Vogt: Nehmen wir das Beispiel bezahlte versus unbezahlte Arbeit. In dem Wachstumsmodell steigt das Bruttosozialprodukt, wenn beide Eltern einer bezahlten Tätigkeit nachgehen und für die Betreuung der Kinder bezahlte Dienstleistungen in Anspruch nehmen. Dieses Modell funktioniert nur, wenn die Eltern mehr verdienen als die Dienstleistung kostet. Dass dieses Modell in dieser Lebensphase für alle Beteiligten Stress bedeutet, ist klar, und viele können ein Lied davon singen. Wenn die Dienstleistung aber in Teilen von den Eltern selbst erbracht wird (durch Teilzeit) oder die Großeltern die Betreuung teilweise übernehmen, dann wirkt sich das negativ auf das BIP aus, obwohl es in der Sache für alle Beteiligten, vor allem menschlich, die bessere Lösung ist. Manche in der Wirtschaft kritisieren den hohen Anteil an Teilzeitbeschäftigung in der Gruppe junger Eltern als gefährlich für den Industriestandort Deutschland. Dabei ist dieses Modell viel nachhaltiger und krisenresilienter.

Norbert Weißmann: Das überzeugt mich; aber wenn gute Wirtschaftsdaten ohne Wachstum so großes Neuland sind, warum befasst sich die Forschung nicht intensiver damit?

Christian Wilhelm: Doch, da passiert schon einiges, aber es spielt noch nicht die große Rolle in der Öffentlichkeit, da die Diskussion durchaus kontrovers werden kann. Seit vielen Jahren stellen sich Forschende die Frage, ob sich Gesellschaften von der wachstumsorientierten Wirtschaft abwenden und das menschliche Wohlergehen innerhalb der planetarischen Grenzen erhalten können. 2022 hat der Europäische Forschungsrat diese Frage ganz oben auf die Agenda gesetzt und eine internationale Studie unter der Leitung des Instituts für Umweltwissenschaften und -technologie der Universitat Autònoma de Barcelona und der Universität Lausanne in Auftrag gegeben. In einem über 6 Jahre laufenden Projekt entwickeln Giorgos Kallis, Jason Hickel und Julia Steinberger einen »Post-Growth-Deal« der verspricht, die ökologische Ökonomie in völlig neue Richtungen zu bringen. Was diese Forschenden im großen Maßstab planen, kann der Einzelne durchaus schon jetzt praktizieren. So schlägt Niko Paech vor, zwischen Grundbedürfnissen und Luxus zu unterscheiden. In beiden Gebieten sollten die Bedürfnisse, die einen hohen Schaden verursachen, so gut es geht reduziert werden (zum Beispiel Berufsverkehr, Stromverbrauch) oder der Versuch unternommen werden, ihnen ganz zu entsagen wie zum Beispiel Kreuzfahrten, Urlaubsflugreisen, das Halten großer fleischfressender Haustiere.

Norbert Weißmann: Diese Vorschläge sind zwar leicht verständlich. Wem aber schon eine Geschwindigkeitsbegrenzung auf den Autobahnen zu viel Einschränkung ist, wird vermutlich auch diese Suffizienz-orientierten Vorschläge boykottieren. Gibt es noch weitere »Zumutungen«.

Markus Vogt: Ein anderer Schlüsselbegriff ist »Entschleunigung«. Jeder Mensch sollte sein Leben so umgestalten, dass die Grundbedürfnisse und Hobbies mit möglichst geringer Umweltbeeinträchtigung einhergehen: Homeoffice statt Berufsverkehr, Nutzung öffentlicher Verkehrsmittel statt motorisiertem Individualverkehr, Wandern statt Skifahren, Gesangsfreizeit statt Kreuzfahrt, Werkzeuge ausleihen statt neu kaufen, Ballast reduzieren statt Wohnraum erweitern. Niko Paech, ein deutscher Umweltökonom, hat schon 2012 in seinem Buch »Grundbedürfnisse versus Luxus: Die Logik effizienter Reduktion« auf diese

Unterscheidung hingewiesen.[26] Dies wird in der Gegenüberstellung in der folgenden Abbildung klarer.

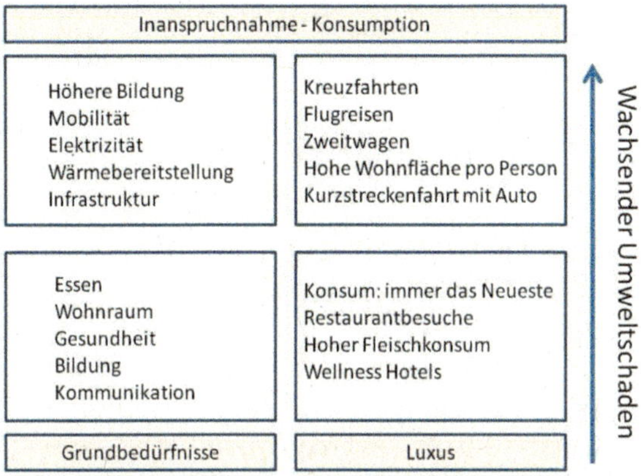

Abbildung 5 Kategorien der Anpassungen nach Niko Paech.[27]

Norbert Weißmann: Das bringt die Diskussion auf den Punkt der Werte. Immaterielle und wirtschaftliche Werte decken sich oft ja nicht, wie Sie oben in dem Beispiel der Kinderbetreuung durch Eltern/Großeltern ausgeführt haben. Wird diese Frage in den Sozialwissenschaften denn diskutiert?

Christian Wilhelm: Oh ja. Die Politökonomin Maja Göpel hat in ihrem Buch »Unsere Welt neu denken« eindringlich vor der zerstörerischen Wirkung der Gleichsetzung von »Wert« und »Preis« gewarnt. Das Dogma »was nichts kostet, ist nichts wert« hat im Umkehrschluss spekulative »Finanzprodukte« erzeugt, ohne dass dafür in der Realwirtschaft ein Gegenwert geschaffen wurde. Daher schlägt sie für die Transformation zu einer nachhaltigen Ökonomie ein grundsätzlich neues Denken vor.[28]

Norbert Weißmann: Das klingt sehr theoretisch und etwas abgehoben.

Christian Wilhelm: Mag sein, aber es handelt sich um die Bündelung von in Teilen längst praktizierten Prinzipien. Da ist zunächst das Prinzip nicht vom Produkt her, sondern vom Prozess her zu denken. Ich erzähle es an einem Beispiel. In einer modernen Gesellschaft können nur alle ernährt werden, wenn verderbliche Lebensmittel nicht nur hygienisch, sondern wenn nötig auch kühlbar, in jedem Fall aber transportfähig verpackt werden. Wir können die Verpackung zwar reduzieren, aber ganz ohne Verpackung kommen wir nicht aus, wenn wir die Produkte vom Hersteller bis zum Verbraucher über mehrere Stationen transportieren müssen. Dieses Problem kann man elegant mit dem Produkt Kunststoff lösen. Ist er preiswert verfügbar, scheint das Problem gelöst. Dabei wird aber der Prozess vergessen: Wie entsteht der Kunststoff (aus Rohöl), welche Umweltbelastungen sind mit der Herstellung verbunden (Energieeinsatz, toxische Substanzen) und was passiert mit dem Kunststoff, wenn er seinen Zweck erfüllt hat (Entsorgung, unvollständiges Recycling, Plastikmüll in der Umwelt mit Schadwirkung für die Natur bis in die Meere hinein). Wenn man den ganzen Prozess der Produktkette nachhaltig gestalten will, müsste man ein komplexes Regelsystem übergreifend in vielen Wirtschaftsbereichen aufbauen: Ein Regelsystem in der chemischen Industrie, um vom Rohöl wegzukommen, den Energieeinsatz zu mindern und giftige Chemikalien (zum Beispiel Weichmacher) zu vermeiden. Damit nicht genug. Handel und Verbraucher müssten sich sehr strikt an die Regeln der Mülltrennung und des möglichst vollständigen Recyclings halten und dann müsste die Recyclingindustrie verschiedene Pfade der Plastikaufarbeitung aufbauen, um den großen chemischen Unterschieden im Plastikabfall Herr zu werden. Das Ganze müsste dann noch global abgestimmt werden, damit das in China eingesetzte Plastikmaterial in Deutschland recycelt werden kann. Schließlich muss der Gesamtprozess so preiswert und über Abgaben gesteuert sein, dass das Durchlaufen des kompletten Stoffkreislaufs für alle Beteiligten immer noch billiger ist, als das Plastik einfach wegzuwerfen und zu verbrennen. Von der gesellschaftlichen Akzeptanz des ganzen Vorschriftenapparates möchte ich erst gar nicht reden.

Norbert Weißmann: Was wäre die Alternative?

Christian Wilhelm: Es gibt pflanzliche Ausgangsstoffe, wie zum Beispiel Glykolsäure, aus denen man leicht Polyglykolat-Polymere herstellen kann. Diese Kunststoffe auf natürlicher Basis kann man mit einem Enzym, das man aus biologischem Abfall gewinnen kann, wieder in die Grundbausteine zerlegen. Damit kann dann wieder Polyglykolat hergestellt werden. Allerdings stehen dafür nicht die gleichen Rohstoffmengen wie bei erdölbasierten Kunststoffen zur Verfügung. Man sieht auch hier: Wirklich nachhaltige technische Alternativen verlangen eine Verminderung der verbrauchten Produktmenge. Plastikvermeidung und technische Alternativen bedingen sich gegenseitig.

Norbert Weißmann: Ein weiterer Ansatz zur Vermeidung von Plastikmüll ist der Ansatz der Unverpackt-Läden. Sie haben sich aber bisher noch nicht durchgesetzt, ist das Prinzip doch unserer gewohnten Bequemlichkeit sehr entgegengesetzt. Hier wäre ein engagiertes Zusammenwirken von Wirtschaft und Politik sicher erfolgsversprechend. Was wäre das zweite Prinzip?

Christian Wilhelm: Das zweite Prinzip wird in dem eben genannten Beispiel schon deutlich: »vom Förderband zum Kreislauf«. Der Hersteller des Kunstoffs ist zugleich Abnehmer des Rohstoffs, der aus dem Recycling stammt. So wird verhindert, dass das Kunststoff-Produkt zum Abfall wird. Neuer Kunststoff würde zum überwiegenden Teil aus Wertstoffen erzeugt werden, die stark nachgefragt und daher anders als heute nicht mehr im Überfluss zur Verfügung stehen werden. Das würde den oft unsinnigen Verbrauch von Plastikartikeln verteuern und unwirtschaftlich machen. Verpackungsmaterial ist wichtig und wertvoll, da es das verpackte Material vor dem Verderben oder Beschädigung schützt. Es ist derzeit fast kostenlos verfügbar und wird daher verschwenderisch eingesetzt.

Norbert Weißmann: So wie ich dieses Beispiel verstehe wird die Lösung des Problems »Nahrungsmittelverpackung« nicht durch ein einzelnes Produkt gelöst, sondern in einem Systemzusammenhang.

Christian Wilhelm: Ja, genau. Das führt zum dritten Prinzip: »Vom Einzelteil zum System«. Es bedeutet, dass alle wirtschaftlichen Prozesse als Teil eines gesellschaftlichen und stofflichen Netzwerkes betrachtet werden, wo man versucht, möglichst Synergieeffekte zu erzielen.

Norbert Weißmann: Wobei die chemische Industrie ja eigentlich den Netzwerkgedanken zur Perfektion gebracht hat, denken wir nur an die hochkomplexen Produktionslinien an Standorten wie dem BASF-Werk in Ludwigshafen, wo, ausgehend von einer überschaubaren Zahl an Ausgangsstoffen, in tausenden ineinandergreifenden Prozessen wiederum tausende verschiedene Produkte entstehen. Kommt es in einem weiteren Schritt jetzt darauf an, auch die benutzten Produkte wieder in die Herstellungsprozesse einzuschleusen, also ein System zu erzeugen, das keine Abfallprodukte mehr kennt?

Christian Wilhelm: Das muss jedenfalls das Ziel nicht nur der chemischen Industrie sein. Dieses Ziel kann vermutlich nur erreicht werden, wenn es gelingt, die Zahl der Produkte in allen Sektoren der Wirtschaft, und deren Komplexität zu reduzieren, um sie dadurch leichter kreislauffähig zu machen.

Ich habe noch ein weiteres Beispiel. In naher Zukunft wird der Klimawandel in den Städten nicht nur die sommerliche

Hitze bis zur gesundheitlichen Gefahr für vor allem alte Menschen steigern, er wird auch Dürreperioden verlängern und häufiger machen, bei gleichzeitiger Steigerung von Starkregenereignissen. Es wird dann für Kommunen absehbar schwierig und teuer werden, auf alle Herausforderungen gleichzeitig zu reagieren. Es müssen schattige, mit Wasser versorgte Kühlzonen bereitgestellt, den Landwirten Zugriff auf Bewässerung gewährt und gleichzeitig der Hochwasserschutz ausgebaut werden, um nur einige Maßnahmen zu nennen. Auch hier sind sehr unterschiedliche Planungsbereiche betroffen: die Wasserwirtschaft, die Städteplanung und die Landwirtschaft. Auf diese Herausforderung reagieren Kommunen und zivilgesellschaftliche Vereine immer häufiger mit der Konzeption von »Schwammstädten«. Anstatt den Regen, der auf versiegelte Flächen fällt, einfach in die Kanalisation und damit schnell in die Flüsse laufen zu lassen, wo sich dann bei Starkregen sehr schnell gefährliche Hochwasserstände aufbauen, wird das Wasser in oberflächlich angelegten Rinnen oder auch unterirdisch zu Bäumen geleitet, wo es im Boden versickert und den Grundwasserspiegel anhebt, sodass die Bäume längere Dürreperioden ertragen können. Zugleich wird der vorhandene Baumbestand gesichert. Laufen Sie mal in einem heißen Sommer durch Ihre Stadt und sehen Sie einmal wie viele Bäume schon sehr früh ihre Blätter verlieren und damit den einsetzenden Dürretod andeuten. Es können mehr zusätzliche Bäume gepflanzt werden und damit durch deren Wasserverdunstung ein kühleres Mikroklima erreicht werden. Die Summe der Wasserrückhalte-Maßnahmen zum Schutz der grünen Infrastruktur in Stadt und Land reduziert wiederum die Gefahr von Schäden durch Starkregen oder Hochwasser. Sie sehen an diesem Beispiel wie systemisches Denken unter Einbeziehung natürlicher Prozesse Klimaanpassungskosten sparen, Schäden reduzieren und zugleich die Lebensqualität verbessern kann.

Norbert Weißmann: Ich finde an diesem Beispiel so interessant, dass es nicht primär eine Technologie ist, die hier zum Klimaschutz beiträgt, sondern auch die Natur in den Dienst des Menschen gestellt wird.

Markus Vogt: Ja, das stimmt zwar, aber vor einer Gefahr möchte ich warnen. Wir setzen ja schon viel zu sehr die Natur in den Dienst des Menschen. Wir haben schon früher im Gespräch gesehen, dass die Idee »macht euch die Erde untertan« zu einer destruktiven Herrschaftshaltung geführt hat. Wenn die Natur uns Menschen Dienstleistungen bereitstellt, muss zunächst an die Interessen der Natur gedacht werden. In einer Schwammstadt wird eben die Natur gefördert, die Vielfalt der Bäume, die biologische Vielfalt des Bodenlebens und der Tiere wie Vögel und Insekten. Mehr Bäume führen zu einem stärker strukturierten Naturraum mit mehr ökologischen Nischen und damit zu mehr biologischer Vielfalt. Dass der Mensch dann auch besser lebt, wenn die Natur gesundet, ist die sich ergebende Folge.

Christian Wilhelm: Richtig. Der Gedanke leitet über zum vierten Prinzip von Maja Göpel[29]: »Vom Extrahieren zum Regenerieren«. Wir müssen davon wegkommen, unsere Probleme dadurch zu lösen, dass wir aus dem Boden immer mehr Bodenschätze und Energie extrahieren, um Klimaschutzbauten zu errichten, sondern wir müssen dahin kommen, die Intelligenz zu nutzen, die in der Natur schon vorhanden ist, um die Natur und uns selbst zu schützen, zum Beispiel indem wir Wasser regional regenerieren, indem wir es länger im Boden halten.

Norbert Weißmann: Das klingt gut, aber es rechnet sich ökonomisch oft nicht. Das wirtschaftliche Argument für einen Systemwechsel ist doch, dass sich mit Umwelt- oder Klimaschutz auch Geld verdienen lässt. Die Umstellung auf nachhaltige Energieträger lässt sich nur dadurch finanzieren, wenn wir mit dem Bau von Windkraftanlagen, Solarparks oder Energiespeichern Wertschöpfung betreiben können. Wie soll das gehen, wenn wir keine Technik, sondern Natur nachbauen.

Christian Wilhelm: Hier liegt ein großes Missverständnis vor. Die Umgestaltung der Autostadt zur hitze- und starkregen-resilienten Schwammstadt ist ein riesiges Investitionsprogramm, in dem Ingenieurinnen, Industrie- und Bauarbeiter beschäftigt sind und bei dem auch langfristige Arbeitsplätze geschaffen werden, zum Beispiel für die Pflege des Pflanzenbestands und der diversen Wassermanagement-Einrichtungen.

Norbert Weißmann: Das erinnert mich an den enormen Aufwand, der schon immer in Wüsten und semi-ariden Gebieten zur Wasserbewirtschaftung betrieben wird. So gibt es in Marokko die Khettarras und im Irak Quanat, unterirdische Aquädukte die zum Teil schon vor 3.000 Jahren gebaut wurden und immer noch genutzt werden, um Wasser aus Quellgebieten zu landwirtschaftlich genutzten Flächen zu leiten. Sie werden aufwendig von den Bauern gepflegt. Die Familien haben ein genau ausgeklügeltes System entwickelt, das die Reinigung der Kanäle vom Sand und die Verteilung des zur Verfügung stehenden Wassers regelt. Für Wasser und Leben steht in der Sprache der Berber dasselbe Wort. Das Beispiel zeigt, dass Wertschöpfung immer an die Umstände und Zeitgebunden ist. Was für die Menschen von Wert ist, wird immer auch umgesetzt und in irgendeiner Weise angemessen honoriert werden.

Christian Wilhelm: Ein schönes Beispiel für eine nachhaltige Lebensweise und ein Leben, das nur relativ wenige Eingriffe in die Natur erfordert. Es zeigt, dass auch für ein Leben in der Natur genauso wie das Nachbauen der Natur technisches Know-how erforderlich ist. Die Motivation ist nicht ökonomischer, sondern ökologischer Natur. Ich möchte noch einmal daran erinnern: Unser Planet ist in Gefahr, dass er vielleicht schon in wenigen Jahren nicht mehr die würdige Heimstatt für acht oder mehr Milliarden Menschen bieten kann. Daher müssen sich Wertvorstellungen ändern, die Ökonomie auch im Dienst der Ökologie stehen, weil es sonst bald keine prosperierende Ökonomie mehr gibt. Das ist nichts anderes als das fünfte Prinzip »Vom Geld zum Wert«.[30]

Norbert Weißmann: Ich hätte dann noch einen weiteren Einwand. Die Natur zum Vorbild zu nehmen, ist ja nicht gerade ein ökonomisches Prinzip. In der Natur gibt es überall auch Konkurrenz, nicht umsonst sagt man der Evolution nach, dass sie nach dem Prinzip »Survival of the Fittest« funktioniert. In unserer Wirtschaft gelten die eigene Konkurrenzstärke und Standortfaktoren als Erfolgsgaranten. So wie Sie hier argumentieren, ist das Prinzip der Natur eher kooperativ. Wie kann man diesen Widerspruch auflösen, das Kooperationsprinzip in die Ökonomie tragen?

Christian Wilhelm: Natürlich gibt es in der Natur auch das Selektionsprinzip, dass sich der Stärkere durchsetzt. Die aktuelle Biodiversitätsforschung malt aber ein differenzierteres Bild: In der Natur gilt eher das Prinzip »vom Wettkampf zur Zusammenarbeit«. Ich erzähle Ihnen ein Beispiel dazu: Ein großes Forschungskonsortium in Jena/Halle/Leipzig hat gezeigt, dass eine artenreiche Wiese deutlich mehr Biomasse produziert als eine artenarme, obwohl die sonstigen Standortfaktoren (Bodenqualität, Wetter etc.) gleich waren. Hoher Artenreichtum, also große Konkurrenz vieler Arten auf begrenzter Fläche, ist aber nicht nur produktiver, sondern auch widerstandsfähiger gegenüber Umweltstress, wie Hitze, Trockenheit und Fraßdruck. Wir denken oft, dass Symbiosen, also die gegenseitige Förderung zweier Arten, in der Natur eher selten vorkommen. Das ist aber ein Irrtum. In einem Wald, in dem die Bäume um Wasser, Licht, Nährstoffe und Platz konkurrieren, ist Symbiose zwischen Baum und Pilz, die sogenannte Mykorrhiza praktisch die Regel. Ohne die Unterstützung durch Pilze (deren Fruchtkörper auch unsere Menus anreichern) gäbe es keine Wälder so wie wir sie kennen. Hier sieht man mustergültig das sechste Prinzip[31] »Vom Wettkampf zur Zusammenarbeit« verwirklicht. Warum sollte der Mensch dieses Prinzip der Natur nicht übernehmen?

Norbert Weißmann: Ich muss schon sagen, dass mich das Beispiel fasziniert. Ein Systemwandel in diese Richtung könnte nicht nur ökonomisch und sozial funktionieren, sondern auch mehr Lebensqualität durch Vielfalt bieten. Gibt es auch in den Sozialwissenschaften ein Überdenken des Prinzips »Survival of the Fittest«? Er wurde ja regelrecht zu einem Glaubenssatz der Moderne. Wenn ich sie richtig verstanden habe, bedarf dieses Dogma zumindest einer Ergänzung.

Markus Vogt: Ich habe diesen Ansatz in meinem Konzept der Nachhaltigkeit gesellschaftstheoretisch zur »Soziale(n) Bionik« erweitert, beispielsweise hinsichtlich der Zuordnung von Konkurrenz und Kooperation.[32] So war es eine große Einseitigkeit der Evolutionstheorie, deren politische Schlussfolgerungen das 20. Jahrhundert überschattet haben, dass man Höherentwicklung in der Natur allein als Folge von zufälliger Mutation und Selektion verstanden hat und meinte, auch Politik und Wirtschaft als Daseinskampf organisieren zu sollen. In der Natur gibt es jedoch nicht nur Konkurrenz, sondern ebenso Kooperation, »Syngenesis« und eine komplexe Vielfalt der Mechanismen von Höherentwicklung und Ordnungsbildung. Nur wer kooperiert, gewinnt. Das differenzierte Ausbalancieren von Konkurrenz und Kooperation in der Natur genauer zu beobachten und davon für die Gestaltung sozialer und wirtschaftlicher Prozesse zu lernen, ist heute ein wichtiges Feld der öko-sozialen Bionik.[33]

Norbert Weißmann: Maja Göpel schreibt: »Mit unserer Sprache und ihren Begriffen drücken wir aus, was wir erreichen wollen und worauf wir achten. Ein Konzept oder eine Theorie zu entwickeln, heißt deshalb auch, Grenzen des Denkens abzustecken.«[34] Vor diesem Hintergrund ist die Theorie der Syngenesis nicht nur ein Beispiel für das Prinzip »Vom Wettkampf zur Zusammenarbeit«, sondern auch ein schönes Beispiel für das siebte Prinzip »Von Unwucht zur Balance«.

Die Rolle der moralischen Instanzen (Religionen)

Norbert Weißmann: Wir hatten ja oben schon von den notwendigen Traditionsbrüchen in unseren Weltbildern gesprochen, dass wir uns zum Beispiel in einer vollen Welt als Teil der belebten Natur und nicht als ihr Herrscher verstehen müssen. Dabei hatten wir auch gesehen, dass diese Traditionsbrüche in religiöse Vorstellungen hineinreichen, selbst dann, wenn die meisten Menschen sich gar nicht mehr religiös verstehen. Sie hatten darauf hingewiesen, dass das auch Änderungen unseres Rechtsverständnisses und damit der staatlichen Gesetze nach sich ziehen würde. Damit ist doch zwangsläufig auch eine Moraldiskussion verbunden. Wie können oder sollten wir diese führen?

Markus Vogt: Religionen sind moralische Instanzen. Denn der Glaube an Gott hat zentral mit dem zu tun, was wirklich wichtig ist, und was verbindlich Geltung beanspruchen kann. Dabei ist das Verhältnis von Religion und Moral jedoch vielschichtig und spannungsreich. Oft versagen die Religionen gegenüber ihrem eigenen Anspruch, für das Gute und Wahre einzutreten. Deshalb distanzieren sich viele Menschen, gerade weil sie diese Werte ernst nehmen, von den Religionsgemeinschaften.

Norbert Weißmann: Man kann die Menschenrechte sowie eine Naturethik auch ohne den Rückgriff auf einen religiösen Glauben begründen. Kann ein säkularer Zugang dabei helfen, den universalen Geltungsanspruch ethischer Prinzipien kultur- und religionsübergreifend zu begründen? Das schließt ja nicht aus, dass die Religionen mit ihren Erfahrungen und ihrer Reichweite die Motivation für ein verändertes moralisches Verhalten bereichern und entscheidend befördern.

Christian Wilhelm: Gerade angesichts der Tatsache, dass der Klimawandel derzeit unaufhaltsam fortschreitet, ist auch eine säkulare Ethik nötig, damit die Menschen nicht in Verzweiflung und Resignation verfallen. Diese säkulare Ethik kann aber durch den religiösen Glauben mit einer Hoffnung bereichert werden, die trotz aller Rückschläge und Begrenzungen der eigenen Wirksamkeit nicht aufgibt. Hier müssen sich religiöse und säkulare Menschen nicht fremd bleiben. Während der Glaubende seine Hoffnung durch sein Gottvertrauen begründen kann, und ihn dies zum solidarischen Handeln bringt, kann der Nichtglaubende, unabhängig von der Ursache der Hoffnung, im gemeinsamen Handeln Sinn und ein positives Lebensgefühl erfahren. In Umweltgruppen habe ich diese Gemeinsamkeit oft schon erleben können.

Norbert Weißmann: Kann nicht auch das allen Menschen und Mitgeschöpfen geltende Gebot der Nächstenliebe eine wichtige Quelle für eine neue Umweltmoral sein? Das christliche Menschbild geht davon aus, dass jeder Mensch geliebt und unendlich wertvoll ist. Wir müssen uns unseren Wert nicht erst durch Leistung, Prestige, Besitz oder Konsum verdienen. Dies kann befreiend wirken und dabei helfen, sich vom Druck der Leistungs- und Konsumgesellschaft abzulösen.

Markus Vogt: Ja, in diesem Zusammenhang ist ein Wort von Papst Franziskus anregend: »Die heutige Konsumgesellschaft versucht, das Fehlen menschlicher Beziehungen mit immer raffinierteren Waren zu ersetzen, Einsamkeit ist ein großes Geschäft in unserer Zeit! –, aber auf diese Weise erzeugt sie eine Glücks-Hungersnot«. Damit ist nicht gemeint, dass wir nun sackleinern bekleidet wie Bettler leben müssten, sondern nicht in materiellen Werten den Lebenssinn suchen sollten, weil wir ihn dort nicht finden. Damit werden die positiven Erfahrungen mit christlichen Werten als eine Alternative zur Dominanz ökonomischer Werte eingebracht. Für Papst Franziskus ist dabei Franz von Assisi (1181–1226), der Patron der Umwelt und der Armen, ein leuchtendes, auch heute noch relevantes Vorbild. Der Papst fordert einen radikalen Wandel. So schrieb er am 24.09.22 auf Twitter: »Eine neue Wirtschaft, die sich an Franz von Assisi orientiert, kann und muss eine umweltfreundliche Wirtschaft und eine Wirtschaft des Friedens sein. Es geht darum, eine Wirtschaft, die tötet, in eine Wirtschaft des Lebens zu verwandeln.«

Norbert Weißmann: Klingt das nicht ein wenig zu pathetisch? Wer in der Wirtschaft große Verantwortung trägt, kann sich durchaus diffamiert fühlen, wenn man ihm unterstellt, er arbeite für eine Tötungsmaschine.

Christian Wilhelm: Ja, das ist drastisch formuliert. Aber wenn die Wirtschaft derzeit objektiv die Biosphäre des Planeten zerstört, dient sie eben nicht dem Leben, sondern nur dem komfortablen Leben relativ weniger Menschen – sind doch 200 Jahre gemessen an der Menschheitsgeschichte von 1,9 Millionen Jahren eine extrem kurze Zeit.

Markus Vogt: Daher ist es gut, sich einmal auf solche Überlegungen einzulassen und zuzulassen, dass sie einen engagierten

Weg aus der Krise weisen. So ist Franz von Assisi auch für den Tierschutz inspirierend. Er hat mit eindringlichen Worten die Achtung der Tiere als notwendige Konsequenz des christlichen Schöpfungsglaubens eingefordert: »Alle Geschöpfe der Erde fühlen wie wir, alle Geschöpfe der Erde streben nach Glück wie wir, alle Geschöpfe der Erde lieben, leiden und sterben wie wir; also sind sie uns gleichgestellte Werke des allmächtigen Schöpfers.« Dieses Verständnis der Einheit des Menschen mit den Geschöpfen, das wir ja schon oben begründet haben, hat mit vielen anderen Religionen eine gemeinsame Schnittmenge und kann damit der globalen Verständigung dienen.[35]

Norbert Weißmann: Das hört man so aber nicht von den Kanzeln. Die Aussagen der Kirche sind nicht laut und vernehmlich genug. Sie werden nicht ausreichend in den Diözesen, Gemeinden und in den Medien verbreitet und noch weniger praktisch umgesetzt. Ein Beispiel für die geringe Bereitschaft, ökologisch freundlich zu handeln sind die Feste. Weder die Gemeindefeste noch die üblichen Volksfeste werden bevorzugt mit vegetarischer Kost gefeiert. Ablehnung und Ignoranz sind einfach noch zu groß.

Markus Vogt: Da haben Sie wohl leider Recht. Dabei ließ schon die Rede, die Papst Paul VI. im Jahr 1970 anlässlich des 25. Jubiläums der Welternährungsorganisation FAO hielt, nichts an Eindeutigkeit vermissen. Er sprach von der »dringende(n) Notwendigkeit eines radikalen Wandels im Verhalten der Menschheit ... wenn sie ihr Überleben sichern will. Es hat Jahrtausende gedauert, bis der Mensch gelernt hat, die Erde zu beherrschen, ›sich die Erde untertan zu machen‹ ... Jetzt ist die Stunde gekommen, in der er seine Herrschaft beherrschen muss; dieses wesentliche Unterfangen erfordert nicht weniger Mut und Unerschrockenheit als die Eroberung der Natur selbst. Mit dem wissenschaftlichen und technischen Fortschritt sind fantastische neue Möglichkeiten verbunden. Damit geht jedoch eine Verantwortung einher, diese im Sinne des Wohls von Mensch und Schöpfung zu gebrauchen. Dies braucht ethisch-politische Bildung.«

Norbert Weißmann: Diese Worte eines Papstes, bereits vor über 50 Jahren gesprochen, sind aktueller denn je. Warum fanden sie in den letzten Jahrzehnten kaum Beachtung?

Markus Vogt: Da muss ich ein wenig ausholen. Trotz des vielfältigen eigenen Versagens sind die Religionsgemeinschaften weltweit wichtige moralische Instanzen. Sie sind in einer aufgeklärten Gesellschaft aber nur dann glaubwürdig, wenn sie selbst bereit sind, ihr eigenes Verhalten immer wieder neu einer kritischen Bilanz zu unterziehen. Wenn sie so auftreten, als besäßen sie die von Gott gegebene Wahrheit, mag das für ihren inneren Zusammenhalt stabilisierend sein, aber sie bilden dann in der Gesellschaft eine eigene geschlossene Blase. Das passt nicht zum biblischen Bild des Sauerteigs, der durch Überzeugungskraft seinen Einfluss vergrößert. Da es bei der Umweltethik letztlich um sehr grundlegende Fragestellungen geht, spielen religiöse, soziale und naturwissenschaftliche Aspekte eng zusammen. So werden die Vorstellungen von Fortschritt, Wohlstand und Lebensqualität, der Stellung des Menschen in der Natur und des Denkens in langfristigen und globalen Zusammenhängen in einem komplexen Zusammenwirken verändert. Da kann keiner auftreten und sagen: »Ich weiß wie es geht«

Norbert Weißmann: In vielen Religionen wird großer Wert auf Selbstlosigkeit gelegt, denken wir an die Haltung des barmherzigen Samariters, an die Pflicht zum Almosengeben »Zakat« das die dritte der fünf Säulen des Islam darstellt oder an die absolute Hochachtung, welche Hinduisten und Buddhistische Mönche allem Lebenden entgegenbringen.

Markus Vogt: Genau das kann ein wichtiger Beitrag der Religionen zur Bewältigung der Klimakatastrophe sein. Die Relevanz des Faktors Religion für die Motivation und Praxis von Umweltverantwortung gilt vor allem für außereuropäische Gesellschaften.[36] In den Ländern des Südens ist der Einfluss der Kirchen und der Religionen immens. Die Chancen nachhaltiger Entwicklung hängen daher wesentlich von der Kooperation mit ihnen ab. So schreibt Oliver Putz: »Ob man es im Norden wahrhaben möchte oder nicht, eine Große Transformation ohne Religion ist zum Scheitern verurteilt. Für religiöse Akteure aller Couleur liegt darin einerseits eine große Chance, anderseits aber auch eine große Verpflichtung, die es nun zu tragen gilt.«[37] Daher sind die Religionen auch für die Gesellschaften wichtig, in denen die religiöse Praxis in den Hintergrund getreten ist, und die meinen, sie könnten mit Technik allein der Katastrophe entgehen.

Norbert Weißmann: Machen wir es konkret für uns. Welche Rolle kann der christliche Glauben Ihrer Meinung nach noch in einer Gesellschaft spielen, in der nur noch ein Drittel der Bevölkerung religiös gebunden ist, und nur noch 2–3 Prozent tatsächlich religiös praktizierend sind?

Markus Vogt: Wir leben im Wertesystem der christlich-abendländischen Kultur, wo der Glaube noch immer in großer gesellschaftlicher Breite die Lebenswerte bestimmt. Dem Glauben kommt noch immer eine stimulierende, kritisierende und integrierende Funktion zu. Denken Sie nur daran, dass der Umgang mit dem Thema Armut in unserem Land sehr stark durch die Stimmen von Caritas und Diakonie mitbestimmt wird. Das Spezifische christlicher Ethik ist nicht die inhaltliche Exklusivität ihrer Normen, sondern dass der humanitäre Anspruch allen gilt, unabhängig von Leid, Versagen, Konflikt und Schuld.

Norbert Weißmann: Verstehen Sie Religion also als grundlegende Erfahrung des Menschen, wie man auch mit Versagen und Schuld umgeht? Was sagen Sie dann zu dem jahrzehntelangen Schweigen der Kirche zur drohenden Umweltkatastrophe?

Markus Vogt: Da haben Sie Recht. Das ist Teil des kirchlichen Versagens. Die Frage ist, wie wird Kirche angesichts dieses Versagens wieder glaubwürdig. Das ist ja in unserer Gesellschaft generell ein Problem: Wenn das Vertrauen verloren gegangen ist, wie wird man wieder ein glaubwürdiger Partner? Zu dieser Frage hat die Kirche einen überraschenden Zugang.

Norbert Weißmann: Da bin ich aber gespannt.

Markus Vogt: Sie kennen sicher den päpstlichen Segen »Urbi et Orbi«. Er verspricht die Vergebung von allen Sünden. Der Segen erzeugt jedoch keinen Automatismus, sondern wird nur bei wahrhaftiger Reue und Umkehr des Sünders und durch das Vertrauen auf Gott wirksam. Die Wirksamkeit geht also nicht von einem Deus ex machina aus, sondern er wird Realität auch durch das Handeln der Menschen. In diesem Sinne basiert christliche Umweltethik auf einem Menschenbild, das auf Einsicht, Reue und Umkehr setzt. Damit wird eine Brücke zu den Nichtglaubenden möglich. Es ist letztlich nicht entscheidend, aufgrund welcher Motivation wir das moralisch Richtige tun, ob aus einem Gottesglauben heraus, oder aus einer humanistischen Motivation.

Norbert Weißmann: Sie setzen also stark auf den humanistischen Konsens und kritisieren Habgier und Selbstsucht, die letztlich hinter den Marktmechanismen stehen und die Entscheidungen des Managements dominieren?

Markus Vogt: Ja, absolut. Was kann uns angesichts der vielfältigen Bedrohungen noch Zuversicht geben? Für gläubige Menschen kann es der Glaube an eine höhere Macht sein, die uns und die unschuldige Schöpfung nicht aufgibt. Es ist ferner die Hoffnung, dass wir es irgendwie doch noch schaffen werden, das Ruder herumzureißen. Wir hatten ja schon oben auf das Zitat von Erich Fromm hingewiesen. Wikipedia ist sicher unverdächtig, religiöse Heilslehren zu verbreiten. Dort findet man unter dem Stichwort »Hoffnung« den bemerkenswerten Satz: »Hoffnung ist die umfassende emotionale und unter Umständen handlungsleitende Ausrichtung des Menschen auf die Zukunft. Hoffnung fordert daher zu einem Tätigwerden auf, für das worauf ich hoffe, oder auf schädliches Handeln zu verzichten.«[38]

Auswege aus dem drohenden Unheil

Die Überwindung innerer Widerstände

Norbert Weißmann: Damit kommen wir zum entscheidenden Teil unseres Gesprächs, was wir tun müssen und auch können, um der Klimakatastrophe zu entgehen. Wir haben ja schon gesehen, dass es viele Suchbewegungen gibt, die sich aber eher am Rand der Gesellschaft entwickeln und mit ihren Ideen noch nicht das neue Normal darstellen. Der Weg in eine gute und nachhaltige Zukunft sollte sich ja nicht wie eine Fluchtbewegung anfühlen, sondern, um für viele gangbar zu sein, eher wie eine logische Weiterentwicklung.

Markus Vogt: Da haben Sie Recht. Flucht klingt sehr nach ungeregelter Bewegung, nach Chaos nach dem Motto »Rette sich wer kann«. Wichtig ist mir, zu betonen, dass der Weg aus der Gefahr in jedem Fall ein Weg in eine bessere und lebenswertere Zukunft für alle ist, auch wenn er für manche unbequem sein sollte. Ein Weg aus der Gefahr ist auf jeden Fall besser, als das jetzige Modell einfach beizubehalten.

Norbert Weißmann: Bisher sehen ja die Schritte zu mehr Klimaschutz nicht sehr effizient aus. Ich kann nicht sehen, dass auch nur in Europa das Ziel erreicht wird, bis 2050 die Emissionen so weit zu senken, dass Klimaneutralität erreicht wird. Wir haben gerade einmal 26 Jahre Zeit die CO_2-Emissionen in Deutschland auf null zu senken. Wie soll das gehen?

Markus Vogt: So wie es im Augenblick, also im Jahr 2024, läuft, sehe ich das auch nicht. Nach einer repräsentativen Umfrage des Bundesumweltministeriums und des Umweltbundesamts (UBA) befürworten 91 Prozent der Befragten prinzipiell einen umwelt- und klimafreundlichen Umbau der Wirtschaft, aber nur wenn er »sozial-verträglich« läuft. Dieser Umbau verursacht nicht nur Kosten, sondern verlangt von der Wirtschaft, ihre Ressourcen in den Klimaschutz umzulenken und nicht in direkt gewinnbringende Investitionen. Die Folge ist, dass eine Politik, die den Klimaschutz leugnet oder hinten anstellt, scheinbar wirtschaftlich erfolgreicher ist. Die Wähler reagieren entsprechend positiv auf Klimaleugner und Populisten bis hin zur Infragestellung der Demokratie, wenn Klimaschutz als »Bevormundung von oben« interpretiert wird. Hier zeigt sich, dass Argumente allein nicht ausreichend wirken, sondern auch die inneren Widerstände in den Blick genommen werden müssen. Der Klimaforscher und Präsident der Deutschen Gesellschaft des Club of Rome, Mojib Latif, hat es so formuliert: »Um aus der Verleugnung der Klimakatastrophe herauszukommen, müssen wir uns auch emotional mit ihr auseinandersetzen.«[1]

Norbert Weißmann: Das ist sehr viel verlangt angesichts der vielen Krisen, die derzeit auf die Menschen einstürmen. Die Klimakatastrophe ist so groß, dass sie sicher viele Menschen in die Angst treibt, was Handeln eher blockiert als fördert.

Christian Wilhelm: Ich möchte diese Herausforderung an einem Beispiel illustrieren. Im Kern stellt sich die Frage nach unserem Umgang mit einem hohen Risiko, das uns existentiell gefährdet. In dieser Situation steht jeder Mensch, der von schwerer Krankheit bedroht ist. Wenn man Blut im Stuhl feststellt, aber keine Bauchschmerzen hat, dann kann man das ignorieren und sagen, ich genieße das Leben ohne Einschränkung so lange wie es geht. Sollte das Blut Hinweis auf Darmkrebs sein, dann soll er halt kommen wie er will. Kein Mensch weiß, wie viele Spontanheilungen schon passiert sind, ohne dass der Patient wusste, dass er krank war. Man kann aber auch zum Arzt gehen, eine Darmspiegelung machen lassen und sich bei einem positiven Befund einer Krebsbehandlung unterziehen. Handelt man früh genug, bedeutet das, dass man eine gewisse Zeit beeinträchtigt ist, aber dann die Chance auf ein anderes, aber durchaus lebenswertes Leben hat. Das Risiko des Nichthandelns besteht dann in einer Krankheitsprogression, die zum sicheren Tod führt, weil es im Spätstadium der Krankheit kein Zurück mehr gibt. Im Augenblick scheinen die meisten Menschen und Regierungen die Variante zu wählen, die man als Patient wahrscheinlich nicht wählen würde.

Norbert Weißmann: Das Beispiel beschreibt die Risikosituation ziemlich gut, aber beim Klimaschutz ist doch öffentliches Handeln gefragt, und keine individuelle Entscheidung.

Markus Vogt: Das ist richtig, aber eben auch nicht ganz. Individuelles Handeln kann die Verantwortung nicht von den großen Verursachern und politischen Regulierungen wegnehmen, aber die Sozialwissenschaft zeigt, dass individuelle Veränderungen durchaus ein integraler Bestandteil des Systemwandels sind. Dies gilt auch beim »Vorantreiben sozialer Veränderungen, bei der Beeinflussung von Regierungen und bei der breiteren Klimabefürwortung«[2]. Die Marrakech Partnership for Global Climate Action der Vereinten Nationen[3] unterstreicht ausdrücklich die Bedeutung individueller Entscheidungen bei der Emissionsreduzierung, da sich all diese kleinen Schritte »zu einem bedeutenden Maß an Ehrgeiz summieren, insbesondere wenn Märkte und politische Entscheidungsträger diese Handlungen anerkennen und sie in Produkten, Politik und Programmen widerspiegeln.[4] Der Sachverständigenrat für Umweltfragen der Bundesregierung betont in seinem Sondergutachten 2023, dass die Politik nur erfolgreich sein kann, wenn sie umweltfreundliches Verhalten fördert. Dies bedeutet wiederum, dass ohne Verhaltensänderung des Einzelnen Politik scheitert.

Norbert Weißmann: Das klingt allgemein ja gut, aber in der konkreten Situation ist doch der Bürger als Verbraucher oder Konsument in einer ziemlich verwirrenden Situation. Selbst wenn man sich für mehr Klimaschutz entscheiden will, ist ja keineswegs klar, wie man das am besten macht. Nehmen wir als Beispiel die Ernährung. Angenommen, ich wäre nicht Vegetarier, sondern noch ein Fleischesser. Es ist klar, ich soll weniger Fleisch essen und auf das Tierwohl achten. Gut, ich entscheide mich, nicht mehr Billigfleisch zu kaufen und wegen des Mehrpreises weniger Fleisch zu essen. Dann stehe ich vor dem Regal und sehe, dass es vier Haltungsstufen gibt mit erheblichen Preisunterschieden. So kostet ein Hähnchen der Haltungsstufe 1 circa 6 Euro pro Kilogramm, während Biohähnchen der Haltungsstufe 4 zwischen 15 und 20 Euro pro Kilogramm kosten. Ein Blick ins Internet zeigt, dass sich die Stufe 1 und 2 nur wenig unterscheiden und die Stufen nur bedeuten, dass dem Tier während der Mast mehr Platz zur Verfügung stand. Die Zahl gibt aber keine Auskunft darüber, ob das Tier anders ernährt wurde, zum Beispiel durch Biofutter ohne Antibiotika und wie in der ganzen Produktionskette auf Nachhaltigkeit geachtet wurde (wie zum Beispiel regionale Produktion). Der Verbraucher ist einerseits mit einem Preisaufschlag um das Drei- bis Vierfache konfrontiert, wenn er sich für haltungsgerechtes und nachhaltig produziertes Fleisch entscheidet, auf der anderen Seite bleibt unklar, was der Preisunterschied für das Klima wirklich bedeutet. Ist es da nicht naheliegend, das Problem zu verdrängen und dem Preis zu folgen, oder irgendwie einen Mittelweg zu wählen, der das Gewissen beruhigt?

Christian Wilhelm: Sie haben da völlig Recht und man kann viele andere Beispiele ergänzen. Wie unterscheiden sich nachhaltig produzierte Kleider, wie wirksam ist das Ausgleichen von CO_2-Emissionen bei Flug- oder Schiffsreisen etc. Für den Verbraucher ist die Ermittlung des wirklichen Klimaeffekts schwierig oder sogar unmöglich, zumal oft Herstellerangaben beschönigend sind und ein Blick ins Internet zeigt, dass man dort unterschiedliche Angaben finden kann. »Klimafreundlich« oder sogar »klimaneutral« sind ja schon längst Werbeargumente geworden, obwohl man das bislang gar nicht belegen musste. Im Jahr 2023 hat ein Gericht erstmalig entschieden, dass eine Drogeriekette Produkte nicht als »klimaneutral« labeln darf, weil es nachweislich falsch war.[5]

Norbert Weißmann: Aber das macht doch das Problem noch größer. Kann man es da dem Verbraucher nicht nachsehen, wenn er/sie sagt: Erst mal muss der Staat das richtig regeln und dann halte ich mich an die Regeln, solange mache ich weiter wie bisher".

Markus Vogt: Das ist natürlich ein bequemes Argument. Sie dürfen nicht vergessen, dass das Vorschieben falscher oder fehlender Argumente durchaus den eigenen Interessen dient. Ich gebe Ihnen dazu ein Beispiel: Das Einschränken der Flugreisen wäre für viele eine harte Zumutung, verbinden sie doch mit Reisen (besonders wenn das früher wie zum Beispiel in der DDR nur stark eingeschränkt möglich war) Freiheit und Lebensqualität. Das tut dann schon weh, wenn man das nicht mehr soll oder gar darf. Da ist es doch sehr entlastend, wenn man im Reisebüro darüber informiert wird, dass man den CO_2-Ausstoß beim Fliegen kompensieren kann. So gibt der CO_2-Kompensationsrechner, den man unter TUI/Lufthansa aufrufen kann an, dass ein Flug von Berlin nach Teneriffa pro Person 1,2 Tonnen CO_2 freisetzt, und dass man diese CO_2-Menge für 27 Euro unschädlich machen kann.[6] Damit ist dann das Gewissen beruhigt. Wer aber nachdenkt, müsste auch stutzig werden: Hier kostet die Tonne emittiertes CO_2 22,50 Euro. Jeder Deutsche emittiert pro Jahr circa 8–10 Tonnen CO_2. Wenn jeder 8 x 22,50, also 180 Euro pro Jahr in einen Klimafonds zahlen würde, müsste nach dieser Logik Deutschland sofort CO_2-neutral sein! Für 50 Cent am Tag wären wir alle Probleme los, warum tun wir das dann nicht?

Norbert Weißmann: Ein drastisches und klares Beispiel, wo ein bisschen Nachdenken schon helfen kann, und bei dem man keine Fachfrau sein muss, um das »Greenwashing« zu durchschauen. Ich gehe davon aus, dass die 27 Euro Flugkompensation irgendwo sinnvoll eingesetzt werden, eine wirkliche Kompensation für den angerichteten Umweltschaden sind sie aber sicherlich nicht. Was bedeutet das Beispiel für die Alltagsentscheidungen? Die Durchschnittsbürger können sich doch nicht bei jeder Entscheidung durch das Dickicht der Pro- und Kontra-Argumente wühlen.

Christian Wilhelm: Das brauchen sie auch nicht. Sie müssen sich eigentlich nur entscheiden, von dem bisherigen Lebensstil Schritt für Schritt Abschied zu nehmen und einfacher zu leben. Sie gönnen sich das gute Stück Fleisch oder die Grillwurst, wenn Sie ein Fest feiern. Im Alltag essen Sie 4–5 Tage fleischfrei und an den anderen Tagen fleischreduziert. Die Freude besteht dann darin, neue Rezepte zu entdecken, oder das Fest intensiver zu genießen. Genauso machen Sie es mit der Mobilität. Sie entscheiden, dass das neue »Normal« das Fahrrad oder der ÖPNV ist und nicht das Auto; und wenn das Auto wirklich nötig ist, dann ist es eher geeignet für eine Fahrt mit mehreren Personen und dann wird langsamer als heute gefahren: 110 km/h auf der Autobahn reicht. In diesem Stil können Sie ihre Alltagsaktivitäten neu ordnen. Thomas Brudermann hat in einem übersichtlichen Diagramm 21 Ansatzpunkte für ein besseres Leben danach bewertet, welche Effekte Verhaltensänderungen haben würden, und wie schwierig eine Umstellung für die meisten wären.[7]

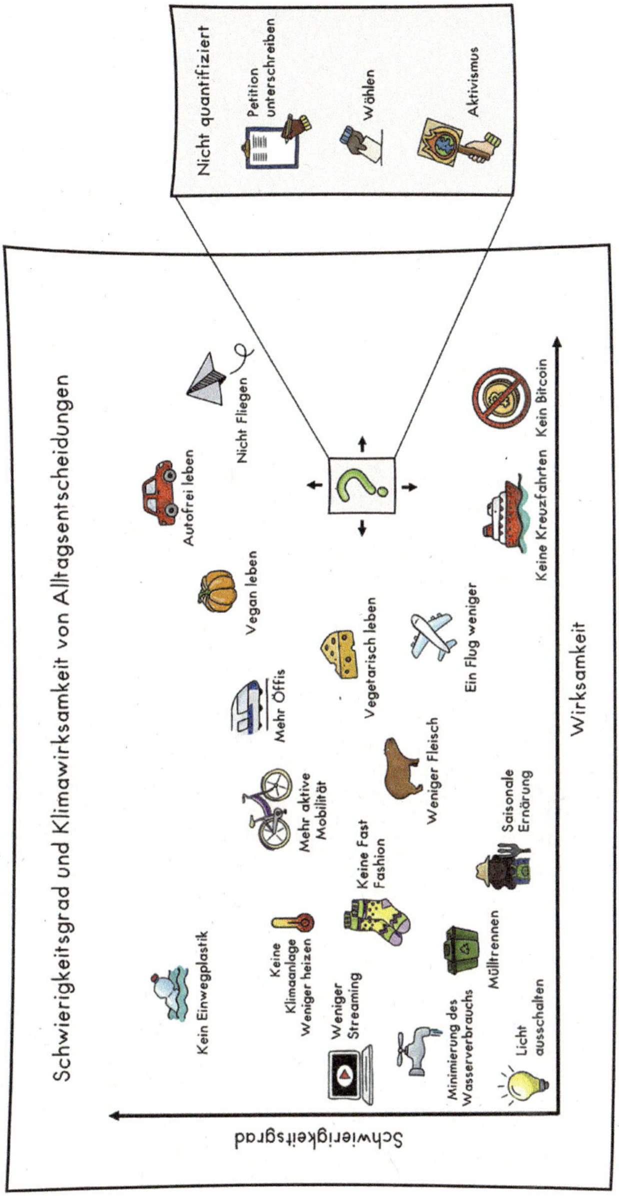

Abbildung 6 Schwierigkeitsgrad und Klimawirksamkeit von Alltagsentscheidungen[8]

Das Schema erlaubt eine sehr schnelle Orientierung und ermöglicht die Umsetzung ohne sich den Kopf zu zermartern, was klimaneutrales Konsumieren im Detail erfordert. Dafür braucht man keine neuen Gesetze, man muss nicht auf neue Technologien warten und kann das mit dem Geld tun, das man zur Verfügung hat. So zu leben, hat jede/r selbst in der Hand, der/die es nur will. Dabei muss nur die Hauptrichtung stimmen, der Rest entwickelt sich, besonders wenn die Grundhaltung positiv auf Veränderung eingestellt ist und man dem »alten, angeblich besseren Leben« nicht nachtrauert.

Norbert Weißmann: Ein wichtiger bedenkenswerter Punkt fehlt mir in dem Diagramm, und zwar die Tierhaltung. Hund oder Katze gehören für viele Menschen zu einem erfüllten Leben. Tiere haben viele positive Auswirkungen. So bewegen sich die Halterinnen mehr an der frischen Luft, sind ausgeglichener und fahren oder fliegen vielleicht nicht so oft und so weit in Urlaub, um mehr bei ihren Tieren zu sein. Ignorieren sollte man den CO_2-Fußabdruck eines Haustieres aber nicht, denn mit der Haltung eines circa 30 Kilogramm schweren Hundes ist pro Jahr im Schnitt die Emission von circa 1 Tonne CO_2 verbunden, also 50 Prozent der Menge, die einem Weltbürger nach Berechnungen des IPCC zusteht.

Christian Wilhelm: Wenn ich auf mein Haustier aber nicht verzichten möchte, worauf kann ich dann achten, um die Belastung des Klimas zu minimieren?

Norbert Weißmann: Das richtige Futter ist die größte Stellschraube. Anders als bei Katzen kann man Hunde auch weitgehend vegetarisch ernähren. Wenn ich Fertigfutter mit tierischen Nebenprodukten wie Euter oder Lunge verfüttere, die nicht in menschlicher Nahrung verwendet werden, dann ist die Umweltbelastung weitaus geringer, als wenn »hochwertige

Fleisch-Rohkost« verfüttert wird. Auch ist Trockenfutter besser als Nassfutter. Ein 5 Kilogramm schwerer Malteser verursacht nur einen Bruchteil der Belastung eines 80 Kilogramm schweren Bernhardiners. Brauche ich für drei Kinder drei Katzen oder reicht nicht eine? Und schließlich kann man ja auch Dogsharing betreiben und den Hund der Nachbarin oder den aus einem Tierheim ausführen.

Christian Wilhelm: Wie bei anderen Fragen der Lebensführung, zum Beispiel »Kreuzfahrten ja oder nein?«, sind das auch hier Überlegungen, die man sich grundsätzlich ab und zu stellt und bei denen man nicht jeden Tag neu überlegen muss, wie man sich verhalten sollte. Auch sollte man sich, vor allem am Beginn des Umstellungsprozesses, der Gefahren des »Single Action Bias« bewusst sein: Es reicht nicht aus, wenn man nur eine von mehreren Handlungsoptionen (Fleischkonsum, Mobilität, Wohnen) ergreift und damit sein Gewissen beruhigt. Schließlich ist es auch einfach so wie beim Versuch Abzunehmen oder mehr Sport zu treiben: Wenn man Gleichgesinnte trifft, sich mit ihnen inhaltlich austauscht und zusammen mit ihnen aktiv wird, fällt die Umstellung auf nachhaltigere Lebensweisen sehr viel leichter, als wenn man versucht »alleine seine Runden zu drehen«.

Norbert Weißmann: Ein wichtiger, wenn nicht entscheidender Punkt bei den persönlichen Verhaltensänderungen sollte aber nicht vergessen werden. Ich denke da an das Verhalten an der Wahlurne. Wir müssen uns bewusst sein, dass sich unsere freiheitliche Gesellschaft nur dann weiter entwickeln kann, wenn die Klimakatastrophe nicht aus dem Ruder läuft. Daher sollte man der politischen Partei beziehungsweise den Kandidaten seine Stimme geben, von denen man überzeugt ist, dass sie am meisten und wirkungsvollsten gegen die Katastrophe vorgehen. Wenn man die Zeit hat, dann sollte man im Vorfeld der Wahlen den Kandidatinnen der Parteien klarmachen, dass ihre Positionierung in der Frage des Klimaschutzes ein ganz entscheidendes Kriterium dafür ist, an welcher Stelle man sein Kreuzchen macht.

Die Notwendigkeit des globalen Konsenses

Norbert Weißmann: Es gibt eine Vielzahl von Ratgebern sowie Umwelt- und Fairtrade-Siegel, die leicht zugänglich für zukunftsfähige Grundsatzentscheidungen in allen Lebensbereichen zur Verfügung stehen. Aber es bleibt das Problem, dass die Klimakatastrophe nicht allein individuell oder national abgewendet werden kann, sondern nur im globalen Kontext. Das heißt doch, dass die Staaten, die schon seit 1991 in IPCC-Konferenzen über den Weg aus der Krise verhandeln, in einen Wettbewerb um das richtige Konzept zum Stopp der klimaschädlichen Emissionen eintreten müssten.

Markus Vogt: Ja, die Abwendung der Klimakatastrophe ist eine globale Herausforderung, die nur durch internationales Handeln gelöst werden kann. Wir hatten oben (siehe 2.2.) schon gesehen, dass Klimarettung sehr eng mit sozialer Gerechtigkeit verknüpft ist. Wir sollten hier etwas näher in den Blick nehmen, was das konkret bedeutet. Die UN haben sich auf dem Weltgipfel für Nachhaltige Entwicklung 2015 auf die folgenden 17 Entwicklungsziele festgelegt, die bis zum Jahr 2030 erreicht werden sollen:[9]

Obwohl der Klimaschutz nur ein Punkt (13) von 17 ist, lässt sich dieser nur erreichen, wenn die anderen Ziele mitberücksichtigt werden. So ist nachhaltiger Konsum nur durch menschenwürdige Arbeit und Innovation zu erreichen, wenn die Menschen dafür gut ausgebildet sind. Man kann also die Ziele nicht der Reihe nach abarbeiten, sondern muss gleichzeitig an allen Schrauben drehen. Das eröffnet eine große Chance: Es

Abbildung 7 Ziele für Nachhaltige Entwicklung nach Beschluss der Vereinten Nationen[10]

gibt eine Vielzahl von Strategien und Maßnahmen, die dem gleichen Ziel dienen. Wir müssen nicht streiten, ob Innovation wichtiger ist als Gerechtigkeit oder ob wir erst die Armut und dann die Energiewende anpacken müssen. Das kann viel Sprengstoff aus der Kontroverse nehmen. Zu betonen aber ist, dass die Aktivitäten koordiniert werden müssen. Koordination setzt Kommunikation, also Verständigung voraus und die kommt nicht zu Entscheidungen ohne gegenseitiges Vertrauen der Akteure.

Norbert Weißmann: Das ist ein sehr schwieriges Vorhaben, gibt es doch erhebliche Konfliktlinien, die entlang unterschiedlicher Interessen laufen, gar Systemunterschiede und -rivalitäten, welche die Verständigung erheblich erschweren.

Markus Vogt: Sie denken da sicher an den Konflikt zwischen China und den Staaten des Westens, vor allem der USA, ein Thema, das wir hier nicht vertiefen können. So viel sei aber gesagt: Die chinesische Führung ist sich über die Tragweite der wahrscheinlichen Auswirkungen der Klimakatastrophe vollkommen im Klaren und tut sehr viel, um sie abzuwenden, ist doch die Landwirtschaft ihres Landes fast völlig von den Schmelzwassern des Himalaya abhängig. Nicht auszudenken, was passiert, wenn die Gletscher verschwunden sein werden. Außerdem hat sie die Bedeutung der Zukunftsindustrien offenbar besser verstanden als viele andere Volkswirtschaften und investiert massiv in Windkraft, Solarindustrie und Elektromobilität.

Norbert Weißmann: Bei aller besorgniserregenden Systemrivalität gibt es hier also eine gute Basis für internationale Kooperation. Trotzdem gibt es zwischen den alten Industrienationen und dem Rest der Welt eine Auseinandersetzung darüber, wer die ersten großen Schritte gehen muss.

Markus Vogt: Wir hatten ja oben (siehe 1.1.) schon darauf hingewiesen, dass die Industrieländer in der Vergangenheit das in der Atmosphäre vorhandene CO_2-Budget sehr stark belastet und weitgehend ausgeschöpft haben. Die Länder des globalen Südens leiten daraus die ethische Verpflichtung ab, dass diese schneller und verstärkter zum Klimaschutz beitragen. Die Länder des Nordens haben diesen Punkt weitgehend akzeptiert, erwarten aber auch von Ländern wie China und Indien, dass sie sich aktiv an der Einsparung von CO2-Emissionen beteiligen, und das früher als geplant, sind beide Länder doch in Sachen CO_2-Emissionen weit nach vorne gerückt. Auch was den Landverbrauch angeht, am bekanntesten sind die Diskussionen um den Raubbau am brasilianischen Regenwald, ist die ethische Lage nicht so klar und einfach wie man gemeinhin denkt. Viele Akteure sind an dem Raubbau direkt und indirekt beteiligt.

Norbert Weißmann: In Europa wurden vor Jahrhunderten Urwälder und große Moorflächen in landwirtschaftliche Nutzflächen umgewandelt, was unabweisbar zu einem signifikanten Anstieg der CO_2-Konzentrationen geführt hat. Heute verlangen wir mit gutem Grund von den südamerikanischen Ländern, dass sie auf dieses Recht verzichten. Es ist offensichtlich, dass die alten Industriestaaten zum einen für dieses Entgegenkommen der Länder mit noch großen Urwaldflächen eine Gegenleistung erbringen müssen, zum anderen auch alles dafür unternehmen müssen, dass trockengelegte Moorflächen, die als landwirtschaftlich genutzte Flächen derzeit noch gigantische Mengen an CO_2 emittieren, wieder vernässt werden, was sie zu hervorragenden CO_2-Senken macht.

Markus Vogt: Es ist gut, den Blick aus der Vergangenheit in die Zukunft zu richten. Wenn wir die Erderwärmung auf 1,7 Grad begrenzen wollen, dann stehen der menschlichen Gemeinschaft nur noch sehr begrenzte Emissionen zur Verfügung. Das Mercator Institut in Berlin zeigt auf seiner Homepage eine tickende Uhr wie viel Zeit uns noch zur Verfügung steht, wenn wir so weiter machen wie jetzt, bis das 1,5-Grad-Ziel beziehungsweise 2-Grad-Ziel endgültig verpasst ist.[11] Nach einer Studie aus dem Jahr 2023 besteht nur noch eine 50-prozentige Chance, das Klimaziel von 1,5 Grad zu erreichen, da nur noch ein CO_2 Budget von 250 Gigatonnen CO_2 zur Verfügung steht; oder anders ausgedrückt: Auf dem aktuellen Stand der Emissionen haben wir keine 5 Jahre mehr Zeit, dann ist das 1,5-Grad-Ziel definitiv verspielt.[12] Es stellt sich daher dringend die Frage, wer darf von diesem Budget wie viel in Anspruch nehmen?

Norbert Weißmann: Das Finanz-Budget ist jedem ein Begriff. Können sie an einem Beispiel erklären, was es mit dem CO_2-Budget auf sich hat?

Christian Wilhelm: Betrachten wir den CO_2-Ausstoß als das, was er im Übermaß ist, ein Abfallprodukt, das auf Umwelt und Menschen ab einer bestimmten Konzentration giftig wirkt. Im Augenblick haben wir weltweit kein CO_2-Emissionsgesetz. Jeder kann so viel CO_2 in die Atmosphäre blasen wie er will. Übertragen wir das einmal auf Schwefeldioxid (SO2). Hier haben wir eine klare gesetzliche Regelung. Es darf nur so viel SO2 abgegeben werden, dass die Schadstoffkonzentration in der Luft unter einem Grenzwert bleibt, der wissenschaftlich als unbedenklich eingestuft worden ist. Wenn wir diese Regelung außer Kraft setzen würden, könnte jeder die Luft vergiften wie er will. Stellen wir uns vor, eine Fabrik würde mit einem hohen Schornstein die Luft verpesten, sodass der Wald stirbt, und die Menschen schwere Atemwegserkrankungen bekommen und das Unternehmen würde argumentieren, »wer weiß so genau, dass der Wald und die Gesundheitsprobleme nur an unseren Abgasen liegen und außerdem beschäftigen wir viele Leute und zahlen Steuern und sponsern unseren Fußballclub«. Und diese Argumente würden reichen, dass ein Gesetz verhindert wird, und dass die Luft weiter verpestet werden darf. Was uns hier im Falle des Schwefeldioxids als völlig undenkbar erscheint, ist beim CO_2 Realität, und das nur weil die akute Giftigkeit geringer ist. Das Emissionsschutzgesetz begrenzt die SO_2-Konzentration in der Luft und das wiederum erlaubt jedem Emittenten die Abgabe nur einer bestimmten Menge. Anders als beim SO2 wird CO_2 in der Atmosphäre nicht so schnell abgebaut und durch Regen ausgewaschen, sodass es sich in der Atmosphäre anreichert. Daher kann man die CO_2-Konzentration in der Atmosphäre nur durch eine globale »Budgetierung« regeln.

Norbert Weißmann: Aber wie kann man diese Budgetierung durchsetzen? Dass CO_2 ein Treibhausgas ist, weiß man schon seit über 100 Jahren. Seit 1991 gab es jährliche COP-Konferenzen, die eine international abgestimmte Klimapolitik zum Ziel haben. Aber was ist in den letzten Jahrzehnten passiert? Der CO_2-Ausstoß klettert jedes Jahr auf neue Rekordwerte. Er ist seit Beginn der 1990er-Jahre um über 65 Prozent gestiegen.

Christian Wilhelm: Das ist richtig und extrem besorgniserregend. Aber es gibt auch positive Trends: Der Zubau von Fotovoltaikanlagen in China ist pro Jahr größer als die derzeit installierte Gesamtleistung in Deutschland; in Indien, den Philippinen und China werden große Bewaldungsvorhaben in die Praxis umgesetzt. Die Kosten für Fotovoltaik- und Windkraftanlagen sinken stetig, was Investitionen in fossile Energieträger zunehmend unwirtschaftlich macht.

Markus Vogt: Das ist richtig, aber es reicht nicht. Wir brauchen einen internationalen Konsens auch auf der wirtschaftlichen Ebene. Der Klimaforscher Hans Joachim Schellnhuber[13] hat vorgeschlagen, einen privaten CO_2-Emissionshandel einzuführen. Wer mehr als 3 Tonnen CO_2-Äquivalente pro Jahr ausstößt, müsse sich das Recht dazu erkaufen. Ich will hier nicht eine Debatte über diesen Vorschlag eröffnen, sondern nur betonen, wir brauchen offensichtlich auch neue Ansätze, wie wir von den zurzeit noch viel zu hohen CO_2 Emission herunterkommen. Diese Umsteuerung muss auch gerecht sein, sie darf nicht den Unterschied von Arm und Reich und zwischen den Ländern weiter verschärfen. Die reichsten 10 Prozent der Deutschen verantworten laut einer Oxfam-Studie von 2020[14] zusammen 26 Prozent der CO_2-Emissionen in Deutschland. Im Durchschnitt liegt der jährliche CO_2-Ausstoß dieser 10 Prozent pro Kopf bei 30 Tonnen CO_2-Äquivalenten. Das ist das Zehnfache des von Schellnhuber vorgeschlagenen Budgets.

Norbert Weißmann: Und extrem sozial ungerecht! Wenn jemand mit mehreren Kindern in einer kleinen Wohnung lebt, hat diese Familie, selbst wenn die Wohnung energetisch schlecht saniert ist, immer noch einen wesentlich niedrigeren pro Kopf-CO_2-Ausstoß, als ein kinderloses Ehepaar in einem freistehenden Einfamilienhaus. Aber wie soll das reguliert werden? Müssen wir in Zukunft neben der Steuererklärung auch eine CO_2-Emissionserklärung abgeben? Das würde erheblichen Ärger auslösen und ist sicher kein Modell, das international durchgesetzt werden kann.

Markus Vogt: Nein, zunächst könnte man das durch den Preis von stark klimabelastenden Konsumgütern regeln. Dabei müssen die CO_2-Zertifikate richtig teuer sein. 30 Euro pro Tonne CO_2 ist, wie wir oben gesehen haben, Greenwashing und Selbstbetrug. Im Bereich von einigen 100 Euro pro Tonne würden sich auch manche Spitzenverdiener überlegen, ob sie mit dem Privatflieger nach Sylt zum Kaffeetrinken fliegen.

Norbert Weißmann: Aber das würden doch viele, die dem Klimaschutz kritisch gegenüberstehen als massiven Eingriff in ihre persönlichen Freiheiten verstehen.

Christian Wilhelm: Ja, das ist wohl so. Aber diese Wahrnehmung ist der Tatsache geschuldet, dass wir bisher die CO_2-Emissionen fast ungeregelt gelassen haben. Ich greife das SO2-Beispiel von oben noch einmal auf. Da gibt es umfängliche gesetzliche Regelungen für alle Handlungen, die für die Gemeinschaft gefährlich sind. Das betrifft ja nicht nur den Bereich der Emissionen, das gilt beispielsweise auch für den Wasserverbrauch. Es ist völlig normal, dass wir den Rasen nicht mehr sprengen dürfen, wenn das Trinkwasser knapp ist. Diese Vorsorgeaufgabe hat der Staat und wir erwarten sie auch von ihm. Bei den CO_2-Emissionen gilt aber praktisch noch das Faustrecht: Der Mächtigste verschafft sich den größten Vorteil. Hier gezielte Regelungen einzuführen hat nichts mit staatlicher Übergriffigkeit zu tun, sondern mit der staatlichen Vorsorgeverpflichtung, auf die wir gerne zurückgreifen, wo wir uns nicht mehr selber helfen können. So erwarten alle, dass der Staat etwas für den Hitzeschutz tut, damit wir in zukünftigen Hitzeperioden nicht über Hitzetote zu klagen haben. Hitzeschutz ist Lebensqualitätssicherung. Er kostet Geld und muss fairerweise am stärksten von denen finanziert werden, die zur Erderwärmung am meisten beitragen. Klimaschutz ist durch Wandel möglich. Kehren wir das Drehbuch um! Statt »Augen zu und durch« heißt es: »Augen auf und angepackt«. Nur so kann man Angst in Hoffnung umwandeln.

Die neue Suche nach einem gesellschaftlichen Konsens über ein »gutes Leben«

Norbert Weißmann: Das Drehbuch umkehren klingt mir etwas wirklichkeitsfremd. Zwar kann man die negativen Botschaften einfach umdrehen. Aus dem Motto »Die Klimakatastrophe wird noch in unserer Lebenszeit die Humanität beenden« wird die Parole »Die Humanität wird noch in unserer Lebenszeit die Klimakatastrophe beenden.[15]« Die gesellschaftliche Realität ist doch, dass Klimaschutz als etwas für die Reichen betrachtet wird, und die Armen sich das nicht leisten können. Ein Elektroauto, eine Wärmepumpe, das sind Investitionen der Reichen, die ärmeren Schichten fahren weiter Verbrenner, heizen mit Gas und werden in ihrem bescheidenen Wohlstand durch CO_2-Abgaben beschnitten. Hier ist noch wenig gesellschaftlicher Konsens, sondern eher Spaltung zwischen den »Eliten« und den »normalen« Menschen. Diesen Dissens können Sie doch nicht wegdefinieren durch die Umkehrung des Drehbuchs. Wie kommen wir hier zu einer gesellschaftlich akzeptierten Lösung?

Christian Wilhelm: Ich stimme Ihnen aus ganzem Herzen zu. Sie haben eine Trennlinie in der Gesellschaft beschrieben. Es gibt aber auch noch eine andere, die nicht weniger wichtig ist und sich nicht so laut äußert. Es gibt in der Gesellschaft eine Gruppe, die die Klimakatastrophe als ihr eigenes Problem wahrnimmt und eine andere Gruppe, die meint, das Klimaproblem sollten erst einmal die anderen lösen. Welche Gruppe die größere ist und wie bedeutsam der Größenunterschied ist, kann niemand sagen, weil es nicht untersucht ist. Wir merken aber, dass die Meinung, dass wir den Klimawandel ignorieren sollten, rückläufig scheint. Die einfache Vorstellung, ich fange schon mal an, dann kommt schon was in Gang (siehe oben) macht ja auch selbstbestimmt.

Ich bin nicht zu unbedeutend, um etwas auszurichten. So verteilt die Stadt Leipzig Aufkleber, auf denen Menschen sich selbst verpflichten, auf der Autobahn nur 110 km/h zu fahren und das Fahrrad und den ÖPNV prioritär zu nutzen. Sie zeigen damit, dass die Klimaaufmerksamkeit zunimmt. Klima braucht ein soziales Klima des Mitmachens. Das können andere Städte nachmachen, als Teil ihres kulturellen Profils. So sprach mich auf dem Parkplatz eines Baumarkts jemand auf den Aufkleber an und sagte: Ist doch schön, dass wir in einer Stadt wohnen, der das Klima nicht egal ist. Das ist nur ein Beispiel.

Norbert Weißmann: Ein gutes Beispiel, wie man mit anderen über das Thema Klimaschutz ins Gespräch kommen kann. Oft ist es so, dass das Thema sehr viel Angst auslöst. Eine Freundin bat mich darum, das Thema nicht mehr anzusprechen, weil es sie zu sehr belastet. Hinzu kommt, dass die Katastrophen nicht nur näher an uns heranrücken, sondern dass der Aspekt Klimagerechtigkeit viele fürchten lässt, dass die Ansprüche der armen Länder unseren Lebensstil und unsere Wohlfahrt gefährden. Diese Ängste muss man alle ernst nehmen.

Markus Vogt: Ja, da haben Sie Recht. Die Suche nach einem gesellschaftlichen Konsens was in Zukunft »Gutes Leben« bedeuten soll, hat viele Facetten. Positive Leitbilder sind wichtig, um nicht nur negativ auf die Zukunft zu blicken und sich der Angst vor dem Verlust an Sicherheit und Güterwohlstand, den wir wahrscheinlich erleiden werden, hinzugeben. Angst führt oft zum starren Festhalten an gewohnten Denk- und Verhaltensmustern sowie zu Anklagen und politischen Polarisierungen.

Norbert Weißmann: Lea Dohm und Mareike Schulze haben in ihrem Buch »Klimagefühle«[16] analysiert, dass die neue Herausforderung Klimarettung eine ganze Palette von emotionalen Reaktionen bei uns auslöst. Diese Gefühle können bestimmt sein von Ärger und Wut (wenn wir zum Beispiel an Flutopfer denken), Angst (wenn ich mir klarmache, dass die nächste Flut auch mich treffen könnte oder die zukünftigen Kosten meinen Wohlstand gefährden), Schuld und Scham (wenn wir uns über unseren Anteil an der Katastrophe bewusst werden), Traurigkeit (darüber dass wir nicht so viel und so schnell etwas ändern können, wie wir es uns wünschen) oder auch Neid (auf die Milliardäre die einen Kollaps der öffentlichen Ordnung auf Privatresorts aussitzen können) bis hin zu Depressionen (weil ich alles für verloren halte). Auch wenn es hilft, wie Sie oben schon gesagt haben, einfach im Rahmen der eigenen Möglichkeiten klimagerechter zu handeln, so kann man doch die oft lähmenden Gefühle nicht einfach wegdrücken. Wie kann man aus dieser Starre herauskommen?

Christian Wilhelm: Vielleicht hilft hier wieder eine Geschichte als Vergleich. Stellen Sie sich vor, Sie sind abends mit Ihrer Frau ins Theater gegangen und ihre halbwüchsigen Kinder sind zu Hause geblieben. Sie kommen um kurz vor Mitternacht nach Hause zurück und sehen von der Straße aus, dass in Ihrer Wohnung Licht brennt. Sie erkennen schemenhaft zwei Gestalten, die eindeutig nicht ihre Kinder sind. Es spricht alles dafür, dass Einbrecher in Ihre Wohnung eingedrungen sind. Was tun sie jetzt? Ihre Gefühle werden gewaltig sein: Angst, Wut, vielleicht auch Schuld etc. Sie könnten einfach weglaufen und in einem Hotel schlafen, also die Situation leugnen. Das werden Sie vermutlich nicht machen. Sie sollten auch nicht spontan im Sinne einer »schnellen Reaktion« in die Wohnung spurten und die Einbrecher stellen, sondern überlegen: »Wo bekomme ich jetzt Hilfe, wie gefährdet sind die Kinder?«, dann werden Sie auf die Polizei warten und mit den Beamten aufgrund deren Erfahrung überlegen, wie sie vorgehen. Das heißt, obwohl spontane Gefühle bedrängend sind, werden sie sich von der Vernunft leiten lassen, indem Sie Hilfe, Kompetenz und Strategie einsetzen.

Norbert Weißmann: Aber was heißt das für die Klimagefühle?

Christian Wilhelm: Es heißt, dass wir uns in einer existentiellen Krise Rat und Unterstützung holen, bevor wir kapitulieren und erst recht nicht wegrennen. In der drohenden Klimakatastrophe verhalten sich ja viele so, als würde sich das Problem von alleine lösen und in der Zwischenzeit schauen wir, dass es uns gut geht. Das wäre so, als würden die Eltern in der Wohnung, in der Einbrecher sind, ins nächste Hotel gehen und morgens nachschauen, ob die Einbrecher inzwischen weg sind. Da würde jeder den Kopf über dieses Verhalten schütteln. Es ist nötig, dass wir uns vernünftig der Realität stellen, dass wir uns Beistand holen und dass wir gemeinschaftlich agieren. Wir können schon heute, wo die Wetterkatastrophen noch relativ selten sind, im Vergleich zur Zukunft, Informationen einholen, überlegen wie wir vorbauen können, damit wir klimaresilienter werden. Das Fernsehen kann dabei eine wichtige Rolle spielen. Eine Studie der MaLisa-Stiftung[17] aus dem Jahr 2023 hat gezeigt, dass das Fernsehen für die Weiterbildung in Sachen Klima von der Gesellschaft das am häufigsten genutzte Medium ist.[18] Obwohl nur 1,8 Prozent der Sendezeit für dieses Thema verwendet wird, wird von 41 Prozent der Befragten das Thema Klimawandel als präsent erlebt. 65 Prozent gaben an, dass die Berichterstattung über Wetterextreme ihre Wahrnehmung vom Klimawandel verändert hat. Die Hälfte der Zuschauenden wünscht sich mehr Präsenz von Klimawandel und Biodiversität im Hauptprogramm, und 40 Prozent wünschen sich sogar, ähnlich wie beim Wetter, ein tägliches Update. Die Ergebnisse sind umso bemerkenswerter als die Zuschauenden zu diesem Zeitpunkt die Klimakatastrophe keinesfalls für das wichtigste Thema des öffentlichen Interesses halten. Das Wichtigkeitsranking sah dagegen so aus:

1. Energie (24 Prozent)
2. Kosten und Löhne (23 Prozent)

3. Der Ukrainekrieg (12 Prozent)
4. Die Wirtschaftslage (9 Prozent)
5. Klima (8 Prozent)
6. Flüchtlinge (5 Prozent)
7. Das soziale Gefälle (5 Prozent)

Obwohl nur 8 Prozent das Thema Klima für sie am wichtigsten hielten, war der Wunsch nach mehr und genauer Information überdeutlich. Das zeigt Interesse und ein großes Potential, Angst abzubauen und sich stattdessen von der Vernunft leiten lassen, indem Hilfen, Kompetenz und Strategien entwickelt werden.

Norbert Weißmann: Dieser Konsens ist ja umso besser zu befördern, wenn nicht nur wissenschaftliche Fakten gut aufgearbeitet präsentiert werden, sondern wenn auch anhand von Beispielen gezeigt wird, wie es in Zukunft besser gehen könnte. Gibt es dafür positive Beispiele?

Markus Vogt: Ja, durchaus. Die ARD hat eine ganze Serie produziert: »Es geht auch anders«. Der Trailer und alle sechs Teile sind in der Mediathek der ARD abrufbar.[19] Hier sind Sympathieträger unserer Gesellschaft wie Anke Engelke, Bjarne Mädel, Annette Frier, Axel Prahl, Sebastian Vettel, Pheline Roggan und Aurel Mertz auf der Suche nach guten Nachrichten: Sie finden Menschen, die nicht jammern, sondern anpacken in den Bereichen Energie, Mobilität, Landwirtschaft, Ernährung, Wohnen und Natur. Das ist kein Verkaufen von Rezepten, aber es zeigt wie man mit »Transformation« positive Veränderungen schaffen kann, bei denen es den Beteiligten gut geht. Ich kann nur empfehlen, diese Videos einmal in gemütlicher Runde anzuschauen.

Norbert Weißmann: Ich kann verstehen, dass positive Beispiele helfen, mit der Angst umzugehen und bei einzelnen Personen die Lust auf konkrete Umsetzung wecken; aber das schafft doch noch keinen gesellschaftlichen Konsens.

Markus Vogt: Wir sollten die Debatten nicht mehr so führen, dass Klimaschutz entweder gar nicht nötig, reine Privatsache oder erst mal nur eine Sache der Reichen ist. Stattdessen sollten wir uns fragen: Wer kann aus dem bunten Strauß der Handlungsmöglichkeiten, die zum Beispiel die Abbildung von Brudermann (s. o.) aufgezeigt hat, welchen Beitrag leisten? Damit entschärfen wir die Polemik. Jeder und jede, die irgendetwas Positives tut, wird damit zum Mitstreiter. Wir müssen uns nicht bekämpfen, sondern können uns als »Klimageschäftspartner« verstehen. Manche Geschäftsfelder werden sich gut entwickeln, manche werden auch unter den Geschäftspartnern widersprüchlich bleiben. Die Frage der Lastenverteilung zwischen einkommensschwachen und einkommensstarken Gruppen, die Rolle der technischen Innovationen (auf die wir im nächsten Abschnitt kommen) werden strittig bleiben und müssen, wie in der Vergangenheit, demokratisch und mit gegenseitigem Respekt ausgehandelt werden.

Norbert Weißmann: Aber wie wollen Sie mit denen umgehen, die sagen, dass sie gar keinen Beitrag leisten, sondern ihr altes Leben vor dem Bewusstsein der Klimakatastrophe zurückhaben wollen?

Christian Wilhelm: Erstens ist nicht klar, wie viele das sein werden und wer sich selbst gern in der Öffentlichkeit als rücksichtsloser Schmarotzer darstellen möchte. Zweitens, das Leben ist kein Wunschkonzert. Gesellschaften müssen sich der Realität stellen, sonst bestraft sie das Leben. Das wird der gesellschaftliche Lernprozess ergeben, wenn zum Beispiel weder der Staat noch die Versicherungen die Kosten der Regulierung von klimabedingten Schäden tragen können. Solidaritätsmodelle wie Versicherungen enthalten ja auch das Element des sozialen Ausschlusses für die, die sich nicht an der Solidargemeinschaft beteiligen. Ich bin zuversichtlich, dass sich unsere Gesellschaft bei aller Spaltung, die heute sichtbar ist, zu einer Klimasolidargemeinschaft entwickeln wird, wenn die Reichen einen ihrer Verantwortung entsprechenden Beitrag zur Transformation leisten.

Die Rolle der technologischen Innovation

Norbert Weißmann: Lassen Sie uns nun aber zu den konkreten Innovationen kommen, denen wir uns in der Zukunft stellen müssen. Was sind die Schlüsseltechnologien der Zukunft, die uns vor der Klimakatastrophe bewahren können. Wenn wir aus der Kohlenstoffwirtschaft aussteigen müssen, auf welche Weise müssen wir wie schnell in das Neue einsteigen?

Christian Wilhelm: In der Tat ist das die größte technische Herausforderung der Menschheitsgeschichte und daher kann es dafür auch keine einfache und widerspruchsfreie Lösung geben. Vielfalt der Wege und möglichst viele positive Wechselwirkungen zwischen den Erfolgspfaden sind gute Voraussetzungen. Schlecht sind unrealistische Zukunftsphantastereien, die angeblich die Rettung bringen, wenn man ganz auf sie allein setzt. Unsere heutigen Technologien sind so eng mit einander verknüpft, dass das Austauschen einer Komponente allein nicht hilft. Wenn wir aus der fossilen Energie aussteigen wollen, geht es ja nicht nur um die Stromerzeugung oder das Heizen, es geht auch um die chemische Industrie, die Mobilität und das Transportsystem und sogar um die Ernährung, weil die Düngerherstellung ölabhängig ist und wir den Konsum tierischer Lebensmittel reduzieren müssen. Neben dem Problem der komplizierten Verknüpfung vieler Probleme, die gleichzeitig auf Lösungen warten, geht es ja auch um die Größe der Umstellung. Uns geht ja jede Vorstellung verloren, was es bedeutet, wenn wir lesen, dass der Stromverbrauch in der Welt von 10 Petawattstunden im Jahr 1990 auf 32 Petawattstunden im Jahr 2023 gestiegen ist. Um sich davon eine Vorstellung zu machen, erzähle ich Ihnen folgenden Vergleich: Sie backen eine Pizza in einem elektrischen Kleinbackofen auf und lassen den Ofen dafür 30 Minuten in Betrieb. Dann haben Sie 1 Kilowattstunde Strom verbraucht. Nun machen das 1.000.000 Berliner Haushalte alle gleichzeitig, dann verbrauchen sie 1 Gigawattstunde. Stellen Sie sich nun vor, diese 1 Million Berliner backen alle gleichzeitig 41 Tage lange ununterbrochen Pizza, dann verbrauchen Sie erst 1 Terawattstunde. Nun stellen Sie sich weiter vor, diese Pizzabackerei würden nicht nur 1 Million Berliner machen, sondern alle 750 Millionen Europäer, US-Amerikaner und Kanadier würden 42 Tage ununterbrochen im Pizzaofen Pizza backen, dann hätten wir einen Stromverbrauch von 1 Petawatt. Wenn es alle Menschen der Welt täten, kämen wir immer noch nicht auf den jährlichen Stromverbrauch der Welt, sondern gerade auf 8 Petawatt. Um den ganzen Jahresstrom der Welt zu verbrauchen, müssten alle Menschen der Welt gleichzeitig 157 Tage lang ohne Unterbrechung Pizza backen. Diese Energiemenge wird zurzeit noch immer zu circa 60 Prozent aus Öl, Gas und Kohle gewonnen. Schon eine einprozentige Reduktion des fossilen Anteils entspricht der Energiemenge etwa der Hälfte des ganzen Stromverbrauchs von Deutschland. Die Technik steht damit vor einem Skalenproblem unvorstellbaren Ausmaßes. Jede noch so kleine prozentuale Umstellung im Energiesektor bedeutet sofort einen umfangreichen technischen Umbau. Mit diesem Bewusstsein sollten wir Zeitung lesen, wenn immer wieder von technischen Durchbrüchen berichtet wird, dass eine Demonstrationsanlage zum Beispiel 50.000 Tonnen Flugbenzin herstellen wird. Das klingt viel, ist aber im Vergleich zum Gesamtverbrauch verschwindend gering: Kaum größer als wenn sich ein Schmetterling auf einen 32 Tonner Lastwagen setzt.

Norbert Weißmann: Das klingt aber ziemlich negativ, ja fast aussichtslos, so als würden die ganzen technischen Umstellungen, die uns als Auswege aus der Klimakatastrophe präsentiert werden, eigentlich nutzlos sein. So kann man aber die Kehrtwende der Dekarbonisierung nicht erreichen.

Markus Vogt: Herr Wilhelm wollte mit dem Hinweis auf die Größenordnung nicht mutlos machen, sondern auf ein wichtiges Denkproblem hinweisen: Fast alle Technologien, die wir heute diskutieren, Solarenergie, Windparks, Wasserstoff, Elektromobilität, Wärmepumpen, Wärmedämmung etc., sind notwendig für den Strukturwandel und müssen daher möglichst schnell umgesetzt werden; aber sie haben jetzt kaum eine Wirkung. Sie taugen nur wenig, die Weltwirtschaft bis 2040 auf CO_2-neutral umzustellen. Das liegt einfach daran, dass die technische Umrüstung auf klimaneutrale Verfahren zunächst nur wenig Auswirkung auf die CO_2-Emissionen der nächsten Jahre hat. Es dauert einfach viel zu lange, bis die Kohle- und Ölkraftwerke auf nachhaltige Quellen umgestellt sind. Besonders eklatant ist die Wirkungslosigkeit neuer Technologien im Verkehrssektor. Nach wie vor nimmt die Zahl der Fahrzeuge weltweit und in Deutschland zu. Die CO_2-Emissionen pro gefahrenem Kilometer sind auch in Deutschland weiterhin leicht steigend (bei neuzugelassenen Fahrzeugen circa 120 Gramm CO_2 pro Kilometer), der Anteil der Elektrofahrzeuge bei den Neuzulassungen beiträgt nur circa 14 Prozent. Geht man davon aus, dass die mittlere Lebensdauer eines Fahrzeugs circa 15 Jahre beträgt, ist klar ersichtlich, dass die jetzige Umstellung auf Elektromobilität kurzfristig kaum CO_2 einspart.

Norbert Weißmann: Aber die E-Autofahrer denken doch, dass sie etwas fürs Klima tun, weil sie nun weniger CO_2 emittieren.

Christian Wilhelm: Ja, das Auto emittiert kein CO_2 mehr und die Luftbelastung in den Städten sinkt. Aber der Klimaeffekt ist sehr bescheiden, solange der Strom im Mix erzeugt wird. Das zeigt eine einfache Rechnung: Ein E-Auto verbraucht circa 20 Kilowattstunden Strom auf 100 Kilometern. Wenn das E-Auto an der öffentlichen Zapfsäule mit Netzstrom betankt wird, muss man mit einer CO_2-Emission von circa 400 Gramm CO_2 pro Kilowattstunde rechnen, das sind dann circa 8 Kilogramm CO_2 pro 100 Kilometer. Fährt man einen Verbrenner sehr sparsam, kommt man auf 5 Liter pro 100 Kilometer, das entspricht circa 10 Kilogramm CO_2. Rechnet man die hohe CO_2-Last bei der Herstellung des Akkus noch ein, beziehungsweise die 10–15 Prozent Ladeverlust beim Schnelladen, sind die Emissionen durchaus vergleichbar. Dagegen hat eine Verminderung der jährlichen Fahrleistung um 50 Prozent im Stadtverkehr einen drastischen Effekt. Auch wenn die Stromquellen immer »grüner« werden, fahren Elektroautos nur dann emissionsfrei, wenn rein grüner Strom an den Ladesäulen anliegt, wenn die Transformation also abgeschlossen ist.

Norbert Weißmann: Wenn Hausbesitzer ihr E-Fahrzeug mit Solarstrom aus der eigenen Fotovoltaikanlage laden, dann ist der Betrieb aber komplett emissionsfrei. Trifft das Problem für alle Transformationstechnologien zu?

Markus Vogt: Ja, zumindest auf die, die heute in der öffentlichen Diskussion stehen wie zum Beispiel in der Wärmetechnik. CO_2-neutrale Heiztechnologien kamen erst durch die Gaskrise im Ukrainekrieg in die öffentliche Debatte. Bis dahin wurde sogar die Umrüstung von Ölkesseln auf Gasthermen staatlich gefördert ohne im Auge zu behalten, dass diese Anlagen 20 Jahre in Betrieb sein werden und damit die Wärmebereitstellung kaum einen Beitrag leisten wird, die in Paris vereinbarten CO_2-Ziele zu erreichen, einfach deshalb, weil fossile Technik zu lange eingebaut wurde und nun aufgrund der langen Laufzeiten kaum Einspareffekte bringen wird. Wir können festhalten: Innovative Technologien sind als Strukturmaßnahme notwendig und unverzichtbarunverzichtbar und werden auch immer preiswerter und effizienter. Der Strompreis für Wind- und Solar wird mit neuen optimierten Technologien weiter sinken. Speichertechnologien werden die Versorgungssicherheit verbessern. Aber, eine substantielle Reduktion der Emissionen erreichen sie nicht in der Zeit, die uns für die Umstellung noch bleibt.

Norbert Weißmann: Können Sie das technische Dilemma auf eine Kurzformel bringen?

Christian Wilhelm: Wir haben oben gesehen: Wer von einem Verbrenner auf ein Elektroauto umrüstet, tut etwas für den Strukturwandel, für das Klima tut er nur dann etwas, wenn er nur eigenen Solarstrom tankt und weniger und langsamer fährt. Wirklich aktuell CO_2-emissionsreduzierend ist nur ein verminderter Verbrauch. Das Motto »technische Innovation« rettet ein »Weiter so« ist falsch. Wichtig ist, dass die Gesellschaft sich nicht von falschen Versprechungen verführen lässt, zu glauben, dass mit phantastischen Erfindungen der alte Lebensstil erhalten bleiben kann. Nüchtern betrachtet müssen wir anerkennen: Nur beides zusammen »weniger« und »anders« kann uns noch vor der Katastrophe bewahren.

Norbert Weißmann: Nun sagen ja gerade Fachleute aus den Klimawissenschaften, dass die Chance für eine Abwendung der Klimakatastrophe noch immer gegeben ist, wenn wir handeln. So wie Sie das hier ausführen, spielt die Technik eine wichtige Rolle bei der Anpassung der Menschheit an die planetaren Grenzen, aber ihre Wirksamkeit ist nicht schnell genug.

Vor diesem Hintergrund stellt sich mir die Frage, ob der komplette Ausstieg aus der Kernkraft, den Deutschland am

30. März 2023 endgültig vollzogen hat, nicht ein Fehler war. Immerhin war absehbar dass sich Bau und Betrieb der als Übergangs- oder Brückentechnologie bezeichneten, schnell an- und abschaltbaren Gasturbinenkraftwerke mit dem Wegfall des billigen russischen Gases erheblich verteuern würden. Auch stoßen Gaskraftwerke im Gegensatz zu Atomkraftwerken immer noch erhebliche Mengen an CO_2 aus.

Christian Wilhelm: Zur Sicherstellung der Grundlast bei Dunkelheit und Windflauten hätten die vier verbliebenen Atomkraftwerke am Industriestandort Deutschland sicher eine wichtige Funktion erfüllen können. Deutschland ist das einzige Industrieland der Welt, das sich von der Atomkraft komplett abgewandt hat. Die Hintergründe und die aus der Entscheidung resultierenden Konsequenzen hat Morten Freidel in seinem jüngst erschienen Buch »So rettet ihr das Klima nicht« gut dargestellt.[20] Alle Parteien müssten angesichts der Klimakrise ideologischen Ballast abwerfen und zu Kompromissen bereit sein. Die völlig unerwartete Energiemangellage wäre für die FDP eine gute Gelegenheit gewesen, einem Tempolimit auf Autobahnen zuzustimmen (verbunden mit einer CO_2-Reduktion von über 10 Millionen Tonnen) und für die Grünen, die Entscheidung zum Abschalten der letzten Atommeiler noch einmal zu überdenken, was pro Jahr eine CO_2-Ersparnis von circa 15 Millionen Tonnen gebracht hätte. Es hätte die Energiesicherheit in Deutschland gestärkt und das Hochfahren einiger Braunkohlekraftwerke, die ja wahrhafte CO_2-Schleudern sind, hätte vermutlich vermieden werden können.

Markus Vogt: Die Grünen wurden in der Blütezeit der Anti-Atomkraft-Bewegung gegründet und das Ziel der Abschaltung der Kraftwerke gehört zur DNA der Partei. Eine Zustimmung zu einer deutlichen Laufzeitverlängerung der alten AKW hätte ein Teil ihrer Basis wohl nicht mitgemacht. Die Atomkraft ist, wie die Atomunfälle der letzten Jahrzehnte gezeigt haben, keine risikoarme Technologie. Aber nach Meinung vieler Klimaforscher kommt es gerade auf die nächsten Jahre an, den Treibhausgasausstoß weltweit drastisch zu reduzieren. Da hätten die drei etablierten Kraftwerke weiter ihren Beitrag leisten können.

Norbert Weißmann: Weltweit werden zwar noch neue Atomkraftwerke gebaut, allerdings in der Summe mit sehr viel weniger Leistung als was durch den Zubau erneuerbarer Energien, vor allem Windkraft und Solarenergie erreicht wird. Der Beitrag der Atomenergie, den Energiehunger der Welt zu stillen, ist gering, in einer politisch gespaltenen Staatengemeinschaft hochriskant. Aber ohne ausreichende Energie, das muss man wohl ehrlicherweise konstatieren, werden wir nicht zu einer wirtschaftlich gerechten Welt besonders unter Einbeziehung der aufstrebenden Nationen des Südens finden.

Markus Vogt: In Deutschland ist die Endlagerung des Atommülls nach wie vor ungeklärt und neue Meiler bis zur Klärung dieser Frage wohl keine Option.

Norbert Weißmann: Da stellt sich die Frage, warum die meisten Wissenschaftler, die zu größten Teilen keine Verfechter der Atomenergie sind, die Hoffnung auf das Abstoppen der Klimakrise nicht aufgegeben haben. Gibt es darauf eine Antwort?

Christian Wilhelm: Ganz einfach, weil es auch noch die Möglichkeit gibt, die natürlichen CO_2-Senken viel besser zu nutzen und massiv auszubauen. Sie wirken sofort, sind preiswert und nachhaltig, aber es verlangt ein Umdenken in unserem Wirtschaften.

Norbert Weißmann: Das müssen Sie erläutern.

Christian Wilhelm: Nehmen wir das Beispiel CO_2-Entnahme aus der Atmosphäre durch das sogenannte Direct Air Capture. Mit Direct-Air-Capture-Systemen wird CO_2 aus der Umgebungsluft über Bindemittel geleitet, die das Kohlendioxid aus der Luft einfangen und dann anschließend verflüssigen. Sowohl der Weltklimarat (IPPC) als auch die Internationale Energieagentur (IEA) plädieren für diese Technik. Allerdings ist sie energieaufwändig und mit Kosten von rund 800 bis 1.000 Euro pro Tonne CO_2 noch sehr teuer. Der Energieaufwand beträgt pro Tonne CO_2 circa 1,4 Megawattstunden. Günstiger wird es, wenn man das CO_2 dort auffängt, wo es in hohen Konzentrationen auftritt wie zum Beispiel in der Zementproduktion. Man kann das CO_2 einlagern, was noch einmal Kosten verursacht und von einigen Wissenschaftlern kritisch gesehen wird, oder man kann es für die chemische Industrie zu Rohstoffen verarbeiten, wobei dann noch einmal zusätzliche Energie nötig ist.
Wesentlich einfacher ist es, wenn man für die CO_2-Fixierung natürliche Prozesse nutzt. In Deutschland wachsen pro Jahr circa 120 Millionen Raummeter Holz nach. Das entspricht einer CO_2-Aufnahme aus der Atmosphäre von circa 120 Millionen Tonnen CO_2. Würden wir diese Menge CO_2 mit Air Capture aus der Atmosphäre entfernen, würde das circa 120 Milliarden Euro kosten. Der Energiebedarf dafür läge bei 170 Terrawattstunden. Das entspricht zwei Dritteln der gesamten deutschen Stromproduktion! Sie sehen, dass der Wald eine gigantische ökologische Serviceleistung für das Klima erbringt, die wir technisch gar nicht erbringen können. Wenn es nun gelänge, durch Aufforstung und Waldpflegemaßnahmen wie zum Beispiel optimale Baumwahl und Unterholzmanagement die Holzproduktion um 10 Prozent zu steigern, würden wir zusätzlich 12 Millionen Tonnen CO_2 in Deutschland binden. Wir würden damit 10 Prozent der jetzigen CO_2-Emissionen im Verkehr binden. Dieser Prozentsatz steigt drastisch, wenn wir die Verkehrsemissionen durch mehr ÖPNV und Geschwin-

digkeitsbegrenzung weiter senken würden. Sie sehen also, wir sind nicht hilflos der Klimakatastrophe ausgeliefert, wenn wir es ökologisch richtig anpacken. Auch die ökonomische Rechnung ist hier wichtig: Die Klimaschutzmaßnahme Wald ist extrem preiswert im Vergleich zu technischen Lösungen, dabei ist der Wert des Holzes noch gar nicht mitgerechnet, sondern nur die CO_2-Entnahme.

Norbert Weißmann: Aber Ihre Rechnung stimmt ja nur, wenn das Holz nicht wieder verbrannt wird, sondern gebunden bleibt.

Markus Vogt: Ja, deshalb hat der Klimaforscher Schellnhuber auch den Vorschlag gemacht, Holz verstärkt im Hausbau zu verwenden, um den Kohlenstoff im Holz langfristig festzulegen. Der positive Nebeneffekt dabei ist, dass damit auch der stark klimaschädliche Beton eingespart werden kann. Die Einsparbilanzen an Klimagasemissionen, die er in seinen Modellen vorschlägt, sind erheblich.[21] Es wäre töricht, auf diese Chancen zu verzichten.

Norbert Weißmann: Aber so wie Herr Schellnhuber rechnet, setzt das ja voraus, dass wir global so handeln und nicht nur regional in Deutschland oder Europa.

Christian Wilhelm: Da haben Sie Recht. Wir müssen gerade hier den ganzen Planeten in den Blick nehmen. Noch wird mehr Wald gerodet als aufgeforstet. Hauptursache für die weltweiten Waldverluste ist die Umwandlung von Wald- in Ackerfläche. Zusammen mit den Waldverlusten durch Naturkatastrophen gingen Jahr für Jahr 7,6 Millionen Hektar Wald verloren. Die Waldzuwächse von 4,3 Millionen Hektar pro Jahr gleichen das nicht aus, sodass die netto Waldverluste demnach bei 3,3 Millionen Hektar pro Jahr liegen, was der Größe Belgiens entspricht.[22] Wir tun also noch das Gegenteil von dem, was wir tun müssten.

Wichtig ist, dass wir neue Nutzungsformen entwickeln. So führt das Verbleiben von Totholz im Wald nicht nur zu einer erhöhten Biodiversität der Tierwelt, sondern auch zur Förderung der Pilze im Boden, die damit riesige Mengen des Kohlenstoffs im Boden speichern und somit der Atmosphäre entziehen. Auch hier ist die Menge an CO_2, welche die Natur selbst durch die Bodenspeicherung erreichen kann, um ein Vielfaches höher als die CO_2-Bindung durch menschliche Technologien. Wir müssen die Praxis der Waldzerstörung und einer Landwirtschaft möglichst schnell verlassen, die dazu führt, dass die Böden an Stelle von Kohlenstoff zu speichern, Kohlenstoff verlieren. Studien haben gezeigt, dass die historische Waldrodung und Umwandlung in Ackerflächen mit konventioneller Bewirtschaftung zu Verlusten von circa 20–30 Tonnen Kohlenstoff pro Hektar geführt haben. Bei Umwandlung von Wald in Steppen und Grasland sind die Verluste sogar doppelt so hoch. Eine wissenschaftliche Initiative zur Kohlenstoffsequestrierung (Kohlenstoffverlagerung in die Böden) hat gezeigt, dass weltweit pro Jahr bis zu 2 Gigatonnen Kohlenstoff in den oberen 30 Zentimetern der Böden festgelegt werden können. Das ist fast das 10-fache der anthropogenen CO_2-Emissionen.[23] Das zeigt ein enormes Problemlösungspotential besonders deswegen, weil mehr Kohlenstofffestlegung im Boden die Bodenfruchtbarkeit umfänglich fördert: Der Boden hält mehr Wasser, die Pflanzennährstoffe sind besser verfügbar, das Bodenleben wird gefördert und die Bodenerosion gemindert. Wer die Natur übersieht, übersieht die eigentlichen Lösungen.

Markus Vogt: Und die Palette der Methoden der sogenannten negativen Emissionstechnologien (NETs) erweitert sich ständig. Eines der nutzbaren Prinzipien besteht darin, die natürliche CO_2-Bindung an Gestein zu nutzen. In Salzstöcken, Basalt oder Sandstein reagiert Kohlendioxid zu Karbonaten oder anderen Mineralen und wird so gebunden. Das als vulkanisches Eruptivgestein auf der Erdkruste reichlich vorkommende Basalt ist dabei besonders geeignet. Es kann zu Pulver gemahlen auf Acker- oder Waldflächen verteilt werden, wo es dann mit CO_2 reagiert und den Kohlenstoff dabei fest bindet. Basalt bietet sich besonders an, weil es auch Nährstoffe enthält die oftmals für ein optimales Pflanzenwachstum fehlen. Basaltpulver fördert also in doppelter Hinsicht die CO_2-Fixierung: sowohl abiotisch als auch biotisch.[24]

Norbert Weißmann: Diese Lösungen sind zwar biologisch und chemisch überzeugend, aber in der Umsetzung sehr kompliziert. Die Waldrodungen in den Tropen und Subtropen müssen aufhören, Moorflächen auch in Deutschland wiedervernässt werden, wenn wir das Klima retten wollen, aber es gibt doch einen Nutzungsdruck, um mehr Nahrung zu erzeugen.[25] Damit gerät Klimaschutz in Konflikt mit Nahrungssicherheit. Wie wollen Sie das auflösen?

Christian Wilhelm: Das ist in der Tat eine der zentralen Herausforderungen für die Zukunft. Die Wälder stehen im Zentrum von allen drei unserer Krisen: der sinkenden Kraft der Wälder, CO_2 aus der Atmosphäre zu binden, dem dramatischen Artenverlust und schließlich dem Ansteigen des Risikos für Pandemien, weil der Kontakt von Wildtieren und Menschen immer enger wird, was das Risiko des Überspringens tierischer Krankheitserreger auf den Menschen ansteigen lässt. Hinzu kommt auch noch, dass die Länder in den Tropen und Subtropen, die den größten Teil des natürlichen Klimaschutzes beitragen könnten, sich als ehemalige Kolonien ohnehin benachteiligt sehen. Sie haben wenig von der Umweltzerstörung profitiert, aber die meisten Lasten getragen. Die Psychologie des kolonialen Erbes wirkt nun nach: Sie wollen sich von den reichen (westlichen, postkolonialen) Industrienationen nicht mehr bevormunden lassen. Als die BRICS-Staaten (Brasilien, Russland, Indien, China und Südafrika) vor über 15 Jahren gegründet wurden, war ihr politischer Einfluss noch gering, obwohl sie circa 40 Prozent der Weltbevölkerung und etwa 25 Prozent der globalen Wirtschaftskraft repräsentierten. Im August 2023 wurden sechs weitere Nationen in das BRICS-Bündnis aufgenommen mit dem Ziel die westliche Dominanz zu überwinden. Ohne Zusammenarbeit mit diesen und weiteren Staaten (Indonesien, Ecuador, Zentralafrika) lässt sich der Wald in seiner Bedeutung für den Klimaschutz nicht wirklich im notwendigen Umfang nutzen.

Norbert Weißmann: In dieser Konfliktsituation und angesichts der Kriege in der Ukraine und im Nahen Osten und den innergesellschaftlichen Konflikten in den afrikanischen und südamerikanischen Staaten ist ja kaum mit mehr Kooperation zu rechnen.

Markus Vogt: Ja, so sieht es zunächst aus. Aber bei wachsendem Problemdruck ist Kooperation die vernünftigere Alternative, auf die Regierungen und zivilgesellschaftliche Akteure hinarbeiten müssen. Die Menschen erwarten das von ihren Führern, wie die weltweit bisher größte Umfrage zum Klimawandel jüngst eindrucksvoll gezeigt hat (siehe Kapitel 1.2). Die gesellschaftlich engagierten Gruppen in allen Staaten sollten zusätzliche Kommunikationskanäle fordern und eröffnen. Warum sollten die unterschiedlichen Religionsgemeinschaften angesichts der globalen Bedrohungslage nicht versuchen, gemeinsam zu einem Teil der Lösung zu werden? Öffentliche Forderungen nach einem klimabezogenen sachlichen Dialog könnten die Diskussion anschieben. Die katholische Kirche hat mit Papst Franziskus einen prominenten Vertreter, der sich für Klimaschutz und Gerechtigkeit einsetzt (Verweis nach oben zu Laudato Si), genauso wie zum Beispiel der orthodoxe »grüne« Patriarch von Istanbul. Ich sehe es positiv, wenn die natürlichen Prozesse des Klimaschutzes in internationale Verhandlungen eingebunden werden, wo es um globale Sicherheit geht. Das Thema Klimaschutz kann festgefahrene Kriegs- und Wirtschaftskonfrontationen aufweichen, weil es einen als übermächtig erscheinenden gemeinsamen

Gegner gibt: die Klimakatastrophe. Als Bürger eines freien Landes sollten wir diese Option von unseren Politikern einfordern. Statt zu klagen, dass die Welt so zerstritten ist, sollten wir die notwendigen Klimaschritte als gemeinsames internationales Handlungsfeld entdecken.

Norbert Weißmann: Ein möglicher Ansatzpunkt ist der Austausch zwischen Regionen verschiedener Kontinente, die mit ähnlichen Problemlagen konfrontiert sind. Bereits bestehende Partnerschaften zwischen Megacities, Küstenstädten oder Regionen könnten vor diesem Hintergrund intensiviert werden. Es ist aber auch eine genau gegenteilige Entwicklung nicht unwahrscheinlich, dass die Staaten nämlich versuchen, ihre nationalen Interessen mit brachialer Gewalt durchzusetzen.

Christian Wilhelm: Da ist die Nahrungssicherheit von zentraler Bedeutung. Ernährungssicherheit ist nicht nur eine Frage der Produktionsmenge, sondern auch der Verfügbarkeit, des Zugangs, der Verteilung und der Nutzung von Nahrungsmitteln. Die Zukunftsaussichten auf dem aktuellen Pfad der Versorgung sind eher düster: Nach der UN-Weltbevölkerungsprognose circa 10,2 Milliarden Menschen,[26] das sind noch einmal 1–2 Milliarden Menschen mehr als heute, von denen circa 800 Millionen jetzt schon hungern. Der Bedarf an Nahrungs- und Futtermitteln wird sich bis 2050 um 60–100 Prozent erhöhen, falls wir nicht umsteuern. Gleichzeitig wird der Klimawandel durch eine veränderte Verteilung von Wasser, verschobene Blühzeitpunkte und gestörte Vegetationsperioden zu mehr und härteren Ertragsausfällen führen, verbunden mit einem erhöhten Schädlingsbefall.[27] Die landwirtschaftlichen Erträge laufen eher Gefahr nicht zu steigen, sondern abzunehmen. Schon heute gilt nahezu die Hälfte der Agrarflächen als degradiert.[28] Nicht zuletzt deshalb, weil heute schon von den 8 Milliarden Menschen nur etwa ein Drittel von einer nachhaltigen Landwirtschaft ernährt wird.

Viele Ackerflächen werden einfach deshalb verloren gehen, weil Hitze oder Dürre den Anbau von Pflanzen deswegen nicht mehr möglich machen, weil der Umweltstress für die Pflanzen jenseits ihrer Toleranzgrenze liegt: Bei Trockenheit und 45 Grad werden die Blätter einfach so heiß, dass das Protein in den Pflanzenorganen denaturiert, dann stirbt die Pflanze ab. Die Agrarökologen Kummu[29] und Mitarbeiter haben abgeschätzt, dass ein Drittel aller Anbauflächen durch die Klimakatastrophe in nicht mehr ökologisch sicheren Zonen liegen werden. Verfolgt man die immer häufigeren Nachrichten über Wetterextreme in allen Teilen der Welt, dann muss man leider davon ausgehen, dass die Nahrungsproduktion in allen Ländern unsicherer wird. Es liegt im Interesse aller, angesichts der sich abzeichnenden Dramatik, möglichst schnell abgestimmte Vorsorgestrategien zu entwickeln. Der Druck zu kooperieren ist enorm, auch wenn es die Öffentlichkeit zurzeit nicht wahrhaben will.

Norbert Weißmann: Zentral für eine Vermeidung eines weltweiten Engpasses in der Nahrungsmittelversorgung sind Anpassungsmaßnahmen im Bereich der Landwirtschaft. Hungersnöte ließen sich relativ einfach vermeiden, würde man in einer globalen Notsituation die großen Mengen an Soja und Mais die derzeit an Tiere verfüttert werden, zur Versorgung der Menschen nutzen. In welcher Weise muss sich die Landwirtschaft umstellen?

Christian Wilhelm: Zunächst müssen wir die Fehler der jetzigen Landwirtschaft besser erkennen, bevor wir über heilende Alternativen sprechen können. Wie die Agrarwissenschaftler Stefan Schwarzer und Hans Peter Schmidt dargelegt haben,[30] müssen wir zunächst verhindern, dass weiterhin jährlich auf unseren Äckern rund 24 Milliarden Tonnen fruchtbarer Oberboden verloren gehen und 10 Millionen Hektar Ackerland damit degradiert werden. Wir zerstören im Augenblick jedes Jahr Ackerflächen von der Größe Griechenlands. Damit geht auf den landwirtschaftlichen Flächen 10- bis 40-mal mehr fruchtbarer Boden verloren als durch Bodenbildung neu entstehen kann. Das ist eine nicht hinnehmbare Bedrohung für die Ernährungssicherheit der Menschheit. Verbunden mit der Bodendegradation heizen wir das Klima an: Ein Drittel des Kohlendioxids, das zwischen 1850 und 1998 anthropogen freigesetzt wurde, stammt aus der Landwirtschaft. Die Ackerflächen, die heute oft weniger als 2 Prozent Humus, also organischen Kohlenstoff, enthalten, hatten zum Zeitpunkt der Umwandlung von natürlichem Grasland oder Wäldern noch Gehalte von 8–15 Prozent. Dieser fehlende Kohlenstoff ist nun als CO_2 in der Atmosphäre. Die Rettung des Klimas gelingt nur, wenn wir in der Landwirtschaft die folgenden 5 Prinzipien umsetzen:

1. Die Bodenoberfläche schützen,
2. Bodenstörungen vermeiden,
3. eine hohe Vielfalt an Pflanzen und Tieren nutzen,
4. lebendige Pflanzen-Wurzel-Netzwerke erhalten,
5. Tiere in den Ackerbau integrieren.

Norbert Weißmann: Gibt es schon Beispiele wie das gelingen kann?

Christian Wilhelm: Ja, sogar viele: Die Kollegen Machmüller et al. [31] haben gezeigt, dass der Humusgehalt in einem 10-Jahresvergleich zwischen konventioneller Anbauweise und einer Direktsaat mit Zwischenfrüchten und Rotationsweiden im letzten Fall 4-mal höher ist. Der Verzicht auf tiefes Pflügen spart nicht nur sehr viel Agrardiesel, sondern erlaubt auch eine Direktsaat, die die Aktivität der Bakterien und der Pilze erhöht und damit die Bodenstruktur verbessert. Mischkulturen, also der gleichzeitige Anbau mehrerer Nutzpflanzen auf der gleichen Fläche, kann das Netto-Pflanzenwachstum erhöhen und so vermehrt Kohlenstoff in den Boden absondern, die Erträge steigern und gleichzeitig Unkraut verringern. Die Förderung von Mykorrhiza-Nutzpflanzen-Interaktionen kann die Wasser- und Nährstoffversorgung der Pflanzen bei Trockenheit verbessern und Ernteausfälle vermindern. Der Einsatz von Tieren zum Beweiden von Zwischenfrüchten oder Stoppeln, schafft Synergien zwischen den Systemkomponenten, die die Widerstandsfähigkeit und Nachhaltigkeit verbessern. Die Agroforstwirtschaft verbindet den Anbau von Bäumen und Sträuchern mit Pflanzenanbau und kann vielfältige ökologische, wirtschaftliche und soziale Vorteile bringen, wie Best-Practice-Beispiele aus der ganzen Welt zeigen. [32]Die Bäume haben eine positive Wirkung auf den Hitzeschutz und helfen, das Wasser aus tieferen Schichten zu holen und den Nutzpflanzen zur Verfügung zu stellen. Aber auch bei Regenfällen wirken die Wurzelkanäle im Boden wie Wasserleiter und sorgen für eine schnelle Versickerung des überschüssigen Wassers. Durch die Ausscheidung von organischem Kohlenstoff in den Boden befördern Wurzeln auch das Bodenleben. Bäume wirken sich daher nicht nur positiv auf die Ertragssicherheit, sondern auch auf den Humusgehalt aus: Zwischen 0,2 und 5,3 Gigatonnen Kohlenstoff pro Jahr können in Böden festgelegt werden, ohne dass der im Holz gebundene Kohlenstoff berücksichtigt ist. Interessanterweise haben die Agroforstsysteme das höchste Kohlenstoffbindungspotential in den Tropen und Subtropen.[33] Ohne hier weiter ins Detail gehen zu wollen, können wir festhalten: Naturbasierte Landwirtschaftskonzepte haben ein sehr großes Potential der Emissionsvermeidung und CO_2-Bindung, sie sind preiswert und sie wirken schnell. Das sind die Gründe, warum wir die Chance haben, mit diesem Ansatz einerseits die Nahrungssicherheit zu erhöhen und gleichzeitig die Klimakatastrophe zu verhindern. Zudem wirken diese Maßnahmen auch sozial nachhaltig, weil sie unabhängig von Großinvestitionen möglich sind, die abhängig machen von Kapitalgesellschaften, die andere Interessen haben.

Norbert Weißmann: Wie können wir als Bürger zu dieser Entwicklung fördernd beitragen; wir sind ja schließlich keine Landwirte und Landschaftsplaner.

Markus Vogt: Sie sprechen damit eine wichtige Debatte an: Wer muss in erster Linie handeln, der Einzelne oder die Politik? Mit diesem Entweder-Oder wird in meinen Augen eine Scheindebatte geführt. Der Sachverständigenrat für Umweltfragen hat im Mai 2023 in einem Sondergutachten klar formuliert: Die Politik muss einerseits umweltfreundliches Verhalten fördern (und darf umweltschädliches Verhalten nicht länger dulden oder sogar unterstützen), während gleichzeitig die notwendigen Verhaltensänderungen einen starken Hebel zu einer zukunftsfähigen Veränderung darstellen. Wir brauchen beides: Änderungen in der Politik und im Verhalten. Schauen wir uns noch einmal das Beispiel der Ernährungsumstellung an. Wir haben oben gesehen, dass hier der Einzelne zwar Handlungsmöglichkeiten hat, indem er beispielsweise seinen Fleischkonsum reduziert oder biologisch nachhaltig erzeugte Lebensmittel konsumiert. Aber für den Verbraucher ist die Situation vor dem Regal im Supermarkt komplex und unübersichtlich, vor allem wegen der Preisgestaltung. Eine wirksame Interaktion von Politik und Verhaltensänderung könnte sein, dass die Politik zum Beispiel über die Mehrwertsteuer umweltschädliche Produkte verteuert und umweltfreundliche fördert. So könnten nachhaltig erzeugte Lebensmittel die einen geringen CO_2-Fußabdruck aufweisen von der Mehrwertsteuer befreit werden und umweltschädliche Produkte mit einer hohen CO_2-Belastung mit einer hohen Mehrwertsteuer belegt werden. Damit ändert sich die Preisstruktur hin zu mehr Nachhaltigkeit und die Kaufentscheidung wird für den Kunden sehr viel einfacher.

Norbert Weißmann: Das klingt ziemlich plausibel. Könnte man das auch auf andere Felder übertragen und wie entkräftet man das Argument zu starker staatlicher Einflussnahme?

Christian Wilhelm: Dieses Argument kann man immer vortragen, wenn der Staat etwas regelt. Aber wir haben ja längst akzeptiert, dass der Staat eine Ordnungsfunktion hat. Wir hatten das ja oben beim Emissionsschutz schon gesehen. Es gibt eine Tabaksteuer, eine Alkoholsteuer, die Amerikaner erheben auf teure Autos sogar eine heftige Luxussteuer. Sinn dieser Regelungen ist, dass unerwünschtes Handeln unter eingeschränkten Bedingungen aus Gründen der Freiheitsrechte möglich bleibt, aber doch soweit behindert wird, dass es keinen Schaden anrichtet. Der Weg hin zu solchen Regelungen ist immer kontrovers und die Details müssen in öffentlichen Debatten geklärt werden. So wie wir über Cannabis oder die Freigabe von Medikamenten zur freiwilligen Selbsttötung diskutieren, müssen wir auch darüber diskutieren dürfen, welche Belastungen für das Klima stark eingeschränkt oder sehr hoch besteuert werden müssen, wie zum Beispiel Privatjets oder Luxusjachten. Man könnte darüber diskutieren, ob es möglicherweise sinnvoller ist, statt Reparaturen von Elektrogeräten staatlich zu bezuschussen, den Gebrauchtgerätemarkt steuerlich zu entlasten und Neugeräte zu verteuern. Wichtig ist mir, dass darüber emotionslos, aber engagiert debattiert werden kann, aber ohne sich gegenseitig ins Unrecht zu setzen. Unverständlich sind mir populistische Parolen wie: »Wir machen Klimaschutz nur mit den Bürgern und nicht gegen sie«. Es ist die Aufgabe der Politik, die Wähler von der Notwendigkeit zu überzeugen, nicht ihnen nach dem Mund zu reden! Wenn die Bürger die veränderten Bedingungen von klimafreundlichem Verhalten scheuen, dann besteht die Gefahr, dass der Klimaschutz einfach auf der Strecke bleibt. So darf es nicht weitergehen, weil sich in diesem Fall das umweltschädliche Verhalten und Wirtschaften nicht ändern wird.

Norbert Weißmann: Das bedeutet aber doch, dass jeder Einzelne an die Politik Signale senden muss, dass er/sie zu mehr Klimaschutz bereit ist.

Markus Vogt: Ja, das sehe ich auch so. Damit dies gelingen kann, müssen wir über die zivilgesellschaftlichen Mitwirkungsmöglichkeiten sprechen.

Die Bedeutung der zivilgesellschaftlichen Mitwirkung

Norbert Weißmann: Die Schnittstelle zwischen persönlichem und gesellschaftlichem Engagement wird durch den Ausdruck des ökologischen Handabdrucks gut beschrieben. Diesen hat die Umweltorganisation Germanwatch in die Debatte eingebracht.

Markus Vogt: Richtig! Während der ökologische Fußabdruck beschreibt, mit welchen CO_2-Emissionen die persönliche Lebensführung verbunden ist, wird mit dem ökologischen Handabdruck dargestellt, welchen Einfluss ich durch mein Handeln auf die CO_2-Emissionen meines persönlichen Umfelds oder auch darüber hinaus ausübe. Es geht darum »relevante gesellschaftliche und politische Veränderungen aktiv mitzugestalten und Nachhaltigkeit in der Schule, am Arbeitsplatz, im Verein, in der Stadt, Kommune oder auf landes- und bundespolitischer Ebene strukturell zu verankern«[34]. So kann ich zum Beispiel durch eine Unterschriftenaktion dafür sorgen, dass in der Firmenkantine einmal pro Woche nur fleischlose Mahlzeiten angeboten werden. Dadurch würde die CO_2-Emission in der Kantine um 5,2 Tonne pro Jahr gesenkt werden.[35] Das entspricht der CO_2-Emission von 144.000 Kilometern Bahnfahrt mit einem IC.

Norbert Weißmann: Das zeigt die enorme Wirkung fleischreduzierter Ernährung. Daher wäre schon einiges erreicht, wenn man die vegetarischen oder veganen Speisen auf der Speisekarte als erstes listet oder am Tresen vor den Fleisch-Alternativen anbietet. Mit dem sogenannten Nudging-Effekt kann ganz natürlich und ohne erhobenen Zeigefinger eine Verhaltensumstellung erreicht werden. Indem man in seinem Umfeld solche Umstellungen anstößt, kann man also eine weitaus größere Wirkung erreichen, als wenn man nur an seinem eigenen CO_2-Budget arbeitet. Haben Sie noch weitere Vorschläge wie man seinen ökologischen Handabdruck vergrößern kann?

Christian Wilhelm: Einen erheblich größeren ökologischen Handabdruck hat man, wenn man politische Entscheidungsprozesse beeinflussen kann. Wir leben In einer Demokratie in der die gewählten Politiker den Willen der Wählerinnen umsetzen. Politikerinnen sind Menschen mit Familien, mit einem sozialen Umfeld. Sie reagieren auf die Äußerungen der Öffentlichkeit. Auf viele verschiedene Weisen kann man seine Meinung äußern. Bundestags- und Landtagsabgeordnete haben Sprechstunden, die man besuchen kann. Man kann ihnen E-Mails schicken, Briefe schreiben, Unterschriftenaktionen initiieren oder unterstützen. Die nötige schnelle Transformation braucht öffentliche Aktionen und einen Chor von Stimmen, damit eine unaufhaltsame Dynamik in Gang kommen kann. Mit dem Auftreten von Fridays for Future nahm eine solche Dynamik an Fahrt auf. Auch wenn die Massendemonstrationen wegen Corona und dem von Russland vom Zaun gebrochenen Krieg gegen die Ukraine in den Hintergrund getreten sind, so gehen Schülerinnen, Eltern, Omas, Wissenschaftler und verschiedenste Berufsgruppen regelmäßig weiter auf die Straße und halten den Druck auf die Politik aufrecht.

Norbert Weißmann: Wie wichtig zivilgesellschaftliches Engagement ist, zeigen die großen Demonstrationen gegen Rechts, nachdem die Pläne ultrarechter Aktivisten zu Massendeportationen an die Öffentlichkeit gelangt waren. Sie beförderten den Mut der katholischen Bischöfe, ein entschiedenes Statement zu verfassen, nach dem Christentum und ein Engagement in der AFD nicht vereinbar sind. Auch hat die Diskussion eines Verbotsverfahrens der AFD an Fahrt aufgenommen. Dieses Beispiel und auch die Bauernproteste zeigen, dass Politik sehr genau wahrnimmt, was die Zivilgesellschaft denkt.

Markus Vogt: Es ist aber wichtig, dass die Proteste nicht nur bei einem »gegen etwas sein« und plakativen Forderungen stehen bleiben, sondern auch in konkrete Aktionen einmünden. So haben sich Fridays-Gruppen gebildet, die sich regelmäßig treffen und auf ganz vielen Ebenen (Kommune, Land, Bund, international) aktiv sind. So verteilen die »Omas for Future« kleine Praxisheftchen, wie man im Alltag das Klima schützen kann, in Kirchengemeinden, legen es aus in Bürgerbüros oder die Kommunen fügen es ein in die Infobox, die alle Neubürger erhalten, die in eine neue Stadt ziehen.

Norbert Weißmann: Ein meiner Meinung nach in seinem Potential nicht erkannter Bereich des Engagements ist das weite Feld der Klimaanpassung.

Christian Wilhelm: Der IPCC definiert Anpassung an den Klimawandel als »Initiativen und Maßnahmen, um die Empfindlichkeit natürlicher und menschlicher Systeme gegenüber tatsächlichen oder erwarteten Auswirkungen der Klimaänderung zu verringern«[36]. Welches Potential sehen Sie in dieser Anpassung?

Norbert Weißmann: Da muss ich etwas weiter ausholen. Viele Menschen weichen dem Thema Klimawandel aus. Sie sagen: »Ich habe sowieso keinen nennenswerten Einfluss« oder sind schlicht aus Angst vollkommen blockiert, sich mit dem Thema auseinanderzusetzen. Über die »Kunst der Ausrede« hat Thomas Brudermann ein ganzes Buch geschrieben. Auf den Punkt gebracht kann man sagen, dass der Mensch die Eigenschaft hat, unangenehmen Erkenntnissen aus dem Weg zu gehen. Einen »Drückeberger« dazu zu bewegen, etwas zu tun, was ihm selbst nichts bringt, ist fast ein Ding der Unmöglichkeit. Und wenn wir ehrlich sind, dann folgt fast niemand der reinen Lehre und verzichtet auf alle Aktivitäten, die den CO_2-Gehalt der Atmosphäre erhöht. Ich schließe mich da mit ein. Erfolgversprechender, als es mit moralischen Appellen zu versuchen, ist es, wenn man einem, aus welchen Gründen auch immer, in Klimapassivität verkapselten Menschen Handlungsmöglichkeiten aufzeigt, von denen er selbst einen Vorteil davonträgt, wenn er sie praktisch umsetzt. Das einfachste Beispiel ist der Einbau einer Regenklappe mit angeschlossener Regentonne und Bewässerungsschlauch in ein Regenfallrohr. Lässt man das Regenwasser im Garten versickern, anstatt es in der Kanalisation zu entsorgen, dann sind Bäume und Büsche im Garten viel besser mit Wasser versorgt und die Gefahr ist sehr viel geringer, dass sie in den immer heißer und trockener werdenden Sommern an Dürre leiden und womöglich eingehen. Mit dieser einfachen Maßnahme verlasse ich meine Inaktivität, stelle mich der Gefahr des Klimawandels und komme ins Tun. Wenn ich dann noch meine Nachbarn davon überzeuge, Gleiches zu tun, was dazu führt, dass sich der Grundwasserspiegel in der ganzen Gegend stabilisiert, dann habe ich auch etwas Gutes für mein Wohnumfeld und die Gemeinschaft getan, in der ich lebe. Der Erfolg der Maßnahme führt vielleicht noch dazu, dass ich mich einer Gruppe anschließe, die sich ehrenamtlich um die Straßenbäume des Stadtteils oder einer Parkanlage kümmert, zum Beispiel durch die Anlage von Versickerungsmulden und Rigolen. Bäume werden geschützt, und sie danken es den Anwohnern mit Verdunstungskälte, wenn es im Sommer einmal wieder sehr heiß wird.

Markus Vogt: Und wenn ein solchermaßen aktivierter Mensch den Erfolg der zunächst eigennützigen Maßnahmen erkennt, die aber nur eine wirkliche Wirksamkeit entfalten, wenn viele an einem Strang ziehen und mitmachen, dann ist er oder sie vielleicht auch eher dazu bereit, sich für das große Ganze einzusetzen.

Norbert Weißmann: Ja, das ist meine feste Überzeugung. Ohne dass wir ins Tun kommen, wird sich nichts bewegen. Jede und jeder sollte sich aus der individuellen Komfortzone herausbewegen und sich mit den ihr bzw. ihm gegebenen Talenten und Möglichkeiten für die Gemeinschaft einbringen. Große Herausforderungen erfordern, dass viele mitmachen. Es gibt psychologische Studien nach denen jeder von sich positiv denkt und annimmt, dass nur die anderen nichts machen wollen. Und diese Annahme ist falsch.[37] Die Bereitschaft etwas zu tun ist groß, aber jeder wartet darauf, dass die anderen anfangen. Diese Blockade kann mit dem Engagement für Klimaanpassung, also Maßnahmen gegen Dürre, Hitze, Überflutungen, am ehesten durchbrochen werden. Habe ich die Dringlichkeit von Klimaanpassung anerkannt, so sollte auch meine Empathie für von der Klimakatastrophe viel schlimmer betroffene Menschen in anderen Teilen der Welt steigen. Das wiederum sollte dazu führen, dass ich meinen Lebensstil kritisch hinterfrage und meine Routinen in der Mobilität, beim Essen und Reisen ändere.

Christian Wilhelm: Wenn diese Theorie zutrifft werden die aktivierten Menschen sich auch politisch stärker engagieren.

Norbert Weißmann: Das ist eine unabdingbare Voraussetzung dafür, dass auch die Weichenstellungen in Politik und Wirtschaft in Richtung großer Transformation gestellt werden. Es ist wichtig, dass wir ein Gefühl dafür entwickeln, dass die Allmende, also die Güter, die allen gehören: Wasser, Luft, öffentliche Flächen, ein Großteil der Wälder, die Ozeane geschützt werden müssen.

Markus Vogt: Es sollte allen derzeit lebenden Menschen, quer über die Generationen – von den Jugendlichen bis zu den Rentnern – bewusstwerden, dass jetzt, in diesem Jahrzehnt, die Weichen auf eine Stabilisierung des Klimas und der Ökosysteme gestellt werden müssen. Das ist mit großen Umbrüchen verbunden, aber die kommen auch in anderen Bereichen sowieso, denken wir nur an die rasante Verbreitung von KI in allen Lebensbereichen, Robotik zum Beispiel in Produktionsprozessen und in der Pflege, die zunehmende Vernetzung und die Fortschritte in der Biotechnologie.

Christian Wilhelm: Diese Transformation kann aber nur gelingen, wenn ein gewisser Anteil der Bevölkerung zu Beginn mitgeht. Und das geschieht nur, wenn es Sicherheitsnetze gibt, die diejenigen auffangen, denen die Transformation, aus welchen Gründen auch immer, schwerfällt. Wie das aussehen könnte, hat der Club of Rome skizziert. Er hat einen Bürgerfonds zur Verteilung einer allgemeinen Grunddividende vorgeschlagen. »Wie das herkömmliche Abgaben- und Dividendenmodell besteht auch ein Bürgerfonds aus zwei Teilen: (1) Der Privatsektor muss für die Nutzung nationaler und globaler Gemeingüter bezahlen – für die Entnahme von Ressourcen, die unter dem gemeinsamen Schutz aller in der Gesellschaft stehen. Hierzu zählen fossile Brennstoffe, Land, Süßwasser, die Meere, die Mineralien, die Atmosphäre, aber auch Daten und Wissen. (2) Die Abgaben fließen in einen nationalen Bürgerfonds, dessen Entnahmen mittels einer allgemeinen Grunddividende gleichmäßig an alle Bürgerinnen und Bürger ausgeschüttet werden.«

Norbert Weißmann: Das Modell würde nach dem Muster der CO_2-Steuer funktionieren: Auf den Verkauf fossiler Brennstoffe wird eine mit der Zeit steigende Abgabe erhoben, deren Ertrag gleichmäßig an alle Bürger ausgeschüttet wird. Wer das Gemeingut Atmosphäre nutzt wird zur Kasse gebeten und die Erträge gehen an alle »Eigentümer der Atmosphäre« zurück. Ein solcher Bürgerfonds wäre ein zentrales Steuerungsinstrument und vor der Einführung sicher sehr umstritten.

Markus Vogt: Ganz sicher ist das so. Für die große Transformation braucht es neue Instrumente und an der Festlegung, welche Instrumente die richtigen sind und wie diese genau justiert werden müssen, sollte die Zivilgesellschaft beteiligt werden um einen breiten Konsens zu finden. Bei so komplexen Themen ist eine Bürgerkonferenz ein probates Mittel, stellt sie doch die Partizipation aller gesellschaftlichen Gruppen sicher. Bürgerkonferenzen werden von Regierungen zu speziellen Themen als Beratungsgremium einberufen. Die Mitglieder werden nach dem Zufallsprinzip ausgelost, aber so, dass alle gesellschaftlichen Gruppen und politischen Meinungen repräsentativ vertreten sind. Experten beraten dieses Gremium und erläutern im Detail und ohne Zeitdruck die Problematik, um die es geht. Die Bürgerkonferenz fällt auf dieser Grundlage Entscheidungen, die aber für die Regierung nicht bindend sind. So wurde in Frankreich eine Bürgerkonferenz zu Umweltthemen durchgeführt, deren Vorschläge auch in Teilen von der französischen Regierung umgesetzt wurden. Auch die Letzte Generation fordert ein ähnliches Gremium, den Gesellschaftsrat. Er »baut auf dem Instrument des Bürger:innenrates auf. Er setzt sich zusammen aus zufällig gelosten Menschen, die die Bevölkerung Deutschlands nach Kriterien wie beispielsweise Alter, Geschlecht, Bildungsabschluss und Migrationshintergrund bestmöglich abbilden. Im Gesellschaftsrat wird die Bevölkerung nach wichtigen soziodemographischen Merkmalen abgebildet

– eine Art ›Deutschland in klein‹ kommt zusammen.« »Der Gesellschaftsrat erarbeitet in einem definierten Zeitraum die nötigen Schritte unter der Fragestellung: Wie beendet Deutschland bis 2030 die Nutzung fossiler Rohstoffe auf sozial gerechte Weise? Das bedeutet, dass wir unsere Energieversorgung komplett auf 100 Prozent erneuerbare Energien umstellen. Zudem müssen menschengemachte Treibhausgasemissionen, die nicht durch das Verbrennen fossiler Rohstoffe entstehen, ebenfalls beendet werden. Dazu gehört eine Kreislaufwirtschaft, die der Verschwendung ein Ende bereitet und somit den Energiebedarf erheblich reduziert und eine klimapositive, also kohlenstoffbindende Landwirtschaft«.[38]

Norbert Weißmann: Die Letzte Generation hat sich offensichtlich sehr intensiv mit den Empfehlungen der Wissenschaft auseinandergesetzt, wie die Menschheit noch die Kurve kriegen kann. Mit ihren Methoden des zivilen Ungehorsams stößt sie sowohl auf Zuspruch, aber auch auf die Ablehnung weiter Kreise, auch bei anderen Klimaaktivisten.

Christian Wilhelm: Die Letzte Generation ist eine von sehr vielen Umwelt-NGOs, also von Menschen, die die Klimakatastrophe als extrem bedrohlich wahrnehmen. Für jeden Menschen, der dieses Aha-Erlebnis hatte, stellt sich die elementare Frage, wie sie oder er darauf reagiert. Ignorieren? Kopf in den Sand stecken? Verzweifeln? Sich radikalisieren? Das Leben so gut es geht genießen? Noch mal so richtig über die Stränge schlagen? In Spiritualität oder Religiosität abtauchen? Oder soll man den Wissenschaftlerinnen vertrauen, die sagen, dass das CO_2-Budget noch nicht aufgebraucht ist und es sich lohnt, gegen jedes zusätzliche zehntel Grad Erwärmung zu kämpfen?

Markus Vogt: Ich denke, dass es die Verantwortung eines jeden Einzelnen ist, sich der Herausforderung zu stellen und in seine

Mitwelt hineinzuwirken. Letztlich ist die Umweltfrage auch eine spirituelle Herausforderung, der sich jeder Mensch heute stellen muss. In Folge 33 des sehr hörenswerten Podcasts »Klima im Kopf«[39] der Psychologists For Future wird der ugandische Autor und Denker Bayo Akomolafe mit den Worten zitiert: »The Times are Urgent, Let Us Slow Down« und seine Aussage wird so interpretiert, dass wir einen Augenblick zurücktreten und reflektieren müssen, statt uns in Aktivismus zu verzetteln oder in Panik zu geraten.

Die zukünftige Rolle der Religionen

Norbert Weißmann: Wir hatten schon früher festgehalten, dass die Religionen in vielen Ländern einen hohen Einfluss auf die öffentliche Meinungsbildung haben, allerdings weniger in Deutschland oder Europa, wo die Zahl der Christen stetig abnimmt. Ist nicht eine eindeutigere Positionierung zur Klimakatastrophe eine Chance für die Kirchen, wieder an Glaubwürdigkeit zu gewinnen?

Markus Vogt: Im Grunde schon. Nur muss man bedenken, dass aufs Ganze gesehen die christlichen Kirchen nicht Vorreiter im Umweltschutz sind, sondern eher Nachzügler. Sie müssen sich erst wieder eine glaubwürdige Stimme verschaffen, indem sie darauf hinweisen, dass herausragende Vertreter relativ früh wegweisende Impulse gegeben haben, zum Beispiel die bereits genannten »grünen Außenseiter« Franz von Assisi, Hildegard von Bingen, Jakob Böhme oder Albert Schweitzer.

Christian Wilhelm: Hatte nicht schon Jesus eine menschen-, tier- und umweltfreundlichere Haltung vertreten, als die Menschen seiner Zeit? Denken wir zum Beispiel an seine ablehnende

Haltung gegenüber Tieropfern? Sollten die Kirchen bei einer Zukunftsinitiative nicht schon bei ihm anknüpfen?

Markus Vogt: Es ist immer gut auf den Religionsstifter Jesus Christus zu verweisen, er ist als DER gute Mensch anerkannt. Vor allem auch durch seine lebensfrohen Seiten: Jesus feierte gerne, genoss das Leben. Gleichzeitig mahnte er Bescheidenheit und Nächstenliebe an. Franz von Assisi nahm seine Forderungen wörtlich. Man kann ihn als einen frühen, prominenten Vertreter der Suffizienz (Bescheidenheit) ansehen. Der Sohn eines reichen Tuchhändlers verzichtete auf seine Privilegien und beschränkte seine Habe auf das, was er am Körper trug. Er hatte schon bald viele Anhänger, heute würde man sagen Follower. Allerdings wurde er von der Kirche auch vereinnahmt. Anschaulich wird dies an der Kapelle Portiunkula. Franz hatte sie mit seinen ersten Anhängern vor dem Verfall gerettet. Nach seinem Tod wurde Franz überhöht, in kürzester Zeit heiliggesprochen, und die Portiunkula von einem riesigen Dom überbaut. Damit wurde Franz von der mächtigen Kirche buchstäblich einverleibt.

Norbert Weißmann: Was aber seine Einstellung nicht relativiert und seinen Einfluss auf die Kirche auch nicht schmälert.

Markus Vogt: Keinesfalls. Franz war immer einer der beliebtesten Heiligen der katholischen Kirche, wurde allerdings in der Kurie zeitweise mit Argwohn betrachtet. Er war ja das genaue Gegenbild der reichen Kirchenfürsten. Erst 787 Jahre nach seinem Tod traute sich erstmals ein neugewählter Papst, seinen Namen anzunehmen. Heute ist Franziskus weit über den Raum der katholischen Kirche hinaus bekannt und akzeptiert, auch in anderen Religionen und sogar bei Atheisten. Im ökologischen Kontext kann er neue Strahlkraft gewinnen.

Christian Wilhelm: Die Kirche ist ein Spiegel der Gesellschaft. Einerseits beharrend und auf die Tradition pochend, oft rückwärtsgewandt, andererseits aber auch fortschrittlich und wegweisend. Hier sind ihre Beiträge zur Entstehung des Konzeptes der Nachhaltigkeit, oder die Einführung des Begriffs der »ganzheitlichen Entwicklung« [40]zu nennen. Dieses Konzept hat später über den Club of Rome die UNO beeinflusst, als sie das Konzept der nachhaltigen Entwicklung verabschiedete. Auch das Programm des Weltrats der Kirchen für eine »Sustainable Society« (1974–1976) ist ohne diesen Impuls kaum denkbar.

Markus Vogt: Ja, aber es ist wichtig, nüchtern Bilanz zu ziehen. Um sich nicht falschen Erwartungen hinsichtlich der zukünftigen Rolle der Religionen im Klimaschutz hinzugeben, muss man doch auch anerkennen, dass trotz vieler wegweisender Impulse, Reden und Schriften die Religionen die Bedeutung der auf uns zurollenden Klimakatastrophe zu spät und nicht realitätsgerecht erkannt haben. Sie stehen durchweg in der Gefahr, dass sie eher zu den Kräften des Beharrens und damit der Verhinderung einer ökologischen Transformation gehören. Ihre lange Tradition macht es ihnen schwer, anzuerkennen dass die Menschheit heute in einer Situation steckt, für die es kein historisches Vorbild gibt. Sie sind damit zugleich Teil des Problems aber auch der Lösung. Daraus folgt, dass alles darauf ankommt, den kritischen Blick auf die eigenen Ambivalenzen nicht zu verstellen. Es ist kein Zufall, dass der Klimaleugner Trump überproportional großen Rückhalt bei den evangelikalen Protestanten und den konservativen Katholiken hat. Vor der Veröffentlichung der Enzyklika Laudato si' im Jahr 2015 kamen die Worte »Klimawandel« und »Nachhaltigkeit« in der offiziellen päpstlichen Soziallehre der katholischen Kirche kein einziges Mal vor.

Christian Wilhelm: Andererseits, wenn sich selbst die Religionen bewegen, dann gibt es doch wenige Argumente für das »Weiter so«. Seit seiner Umweltenzyklika ist Papst Franziskus zu einer führenden Stimme des globalen Nachhaltigkeitsdiskurses geworden. Sein wichtigster Impuls ist der konsequent ökosoziale Ansatz, den Schrei der Schöpfung und den Schrei der Armen als zusammengehörig zu verstehen. Damit bekommt der notwendige Wandel den erforderlichen ethischen Drive. Damit stellt sich der Papst auch klar auf die Seite der neuen innerkirchlichen Umweltbewegungen wie zum Beispiel Christians For Future. Die Resonanz dieser Bewegungen geht weit über den Raum der katholischen Kirche hinaus, und ist auch in den protestantischen und orthodoxen Kirchen sowie in der Zivilgesellschaft präsent.

Markus Vogt: Papst Franziskus genießt auch im Raum der säkularen Wissenschaft sowie bei Vertretern anderer Religionen hohes Ansehen. So hat er sich in dem Apostolischen Schreiben »Laudate Deum« vom 4. Oktober 2023 im Vorfeld der UN-Klimakonferenz in Dubai pointiert geäußert und durch eine Videobotschaft zur Einweihung des dortigen Pavillons der Religionen beigetragen.

Norbert Weißmann: Kommt nicht den Religionen angesichts des absehbaren Scheiterns der Weltgemeinschaft am selbst gesteckten 1,5-Grad-Ziel eine wichtige Rolle zu? Nämlich die Menschen zu ermahnen, nicht aufzugeben, sich angesichts der Konflikte nicht zu polarisieren und nicht zu verzweifeln?

Markus Vogt: Trotz der evangelikalen oder nationalen Polarisierung und der zunehmenden Säkularisierung vor allem in westlichen Gesellschaften kommt den Religionen eine zentrale Bedeutung zu. Die Vision, dass es noch eine größere Wirklichkeit gibt als unsere je eigene private Welt ist unverzichtbar. Wir brauchen eine hoffende und nicht resignierende Zuversicht trotz vielfältiger Rückschläge. Ohne eine zugleich weltweit agierende und auch vor Ort aktive Institution, die Feindbildern und einer egozentrischen Politik widersteht, ist es für den Einzelnen emotional schwierig, eine positive Lebenshaltung einzunehmen. Die Stärkung einer solchen Haltung ist das Wichtigste, was die Religionen für die ökosoziale Transformation einbringen können. Sie sollten aber nicht bei einem rein tugendethischen Ansatz stehen bleiben, sondern auch zivilgesellschaftlich als Anwälte der Zukunft, der Natur und der globalen Solidarität tätig werden und sich mit allen Menschen guten Willens sichtbar zusammenschließen.

»Die Weltreligionen waren und sind für Millionen von Menschen Quelle der Hoffnung und der Kraft, Angst, Egoismus und Resignation zu überwinden. Sie sind eine Inspiration für ein universell-solidarisches Leben.« So der Aufruf »Religionen – Hoffnung für eine taumelnde Welt« vom 14.09.2022.

Norbert Weißmann: Ich verstehe das, was sie über die Weltreligionen sagen als einen starken Impuls für religiöse Menschen. Aber in unserer säkularen Welt ist nur noch eine Minderheit religiös gebunden und auf diese Argumente nur schwer ansprechbar. Wie können wir auch nicht-religiöse Menschen auf die notwendigen Änderungen in unserem ethischen Denken ansprechen?

Markus Vogt: Es geht um nichts weniger als um die Suche nach einem zukunftsfähigen ethischen Kompass angesichts der großen Klimatransformation. Und hier steht im Zentrum ein neues Naturverhältnis unserer ganzen Zivilisation. Das geht alle an. Dabei bewertet die christliche Schöpfungstheologie die Natur als gut und bringt zusätzlich zur naturwissenschaftlichen und säkularen Sichtweise einen ethischen Gesichtspunkt ein, von dem alle lernen können: Der Schöpfungsglaube – oder mit Albert Einstein gesagt, die Ehrfurcht vor dem Leben – macht die Natur nicht einfach zum verlängerten Arm ökologischer Imperative, sondern verweist auf die Erfahrung der Natur als Gabe und Geschenk, das die beliebige Verfügbarkeit verbietet. Christliche Umweltethik fordert dazu auf, die Natur, Tiere und Pflanzen nicht nur als Objekte wahrzunehmen, sondern als Mitgeschöpfe. Sie sind Akteure, die eigenständigen Zielen und Gesetzlichkeiten folgen. Sie besitzen einen Eigenwert von dem der Mensch nicht beliebig Gebrauch machen kann.

Der ethische Dialog zwischen Religionen und ökologischem Humanismus

Norbert Weißmann: Ich finde es für die Verbreiterung der Diskussion sehr hilfreich, wenn sie den christlichen Schöpfungsglauben um den Begriff der Ehrfurcht vor dem Leben erweitern. Diese Dimension ist auch für Menschen zugänglich, denen der Glaube nichts sagt.

Christian Wilhelm: Ja, und mehr als das. Dies bedeutet konkret, dass wir für eine neue Generation der Menschenrechte, vielleicht sagen wir besser der Grundrechte, eintreten: Nach den individuellen Freiheitsrechten, den sozialen Anspruchsrechten und den politischen Mitwirkungsrechten braucht es heute ökologische Existenzrechte. Diese umfassen beispielsweise die formale Anerkennung von Klimaflüchtlingen sowie Anpassungshilfen für die vielen Millionen Menschen, deren Lebensraum durch Hitzewellen und Überschwemmungen unbewohnbar wird. Nur solche umweltethischen Menschenrechte können verhindern, dass diese heute für einen großen Teil der Menschheit unerreichbar werden. Viele sprechen auch in diesem Zusammenhang von der Erweiterung des Humanismus zum ökologischen Humanismus.

Norbert Weißmann: Also ethisch klingt das zunächst sehr überzeugend und vom Gefühl her richtig, die Frage der politischen Durchsetzbarkeit solch idealer Vorstellungen ist eine ganz andere. Individuelle Freiheitsrechte, soziale Anspruchsrechte und politische Mitwirkungsrechte sind große Errungenschaften, die zumindest in den freiheitlichen Gesellschaften weitestgehend durchgesetzt wurden. Andererseits stellt sich die generelle Frage der Begrifflichkeit des Humanismus. Ist er nicht ein anderes Wort für Anthropozentrismus? In jedem Fall scheint er mir ein eurozentrisches Konzept zu sein, das im Rahmen der Kolonialismus-Debatte derzeit sehr stark in der Kritik steht. Reicht ökologischer Humanismus aus, um die Menschheitsprobleme zu lösen? Ist nicht der Human-Ismus das Problem?

Markus Vogt: Der ökologische Humanismus ist ein Konzept, an dem schon viele Denkerinnen und Denker in den letzten Jahrzehnten gearbeitet haben und das gerade darauf abzielt, die Fixierung auf den Menschen zu überwinden. So plädieren die Autoren des ökohumanistischen Manifests von 2022, Pierre Ibisch und Jörg Sommer dafür, unser Denken vom Kopf auf die Füße zu stellen, es im wahrsten Sinne des Wortes zu erden.[41] Ohne ein neues Denken sei kein Überwinden des alten Handelns möglich. Der Mensch ist ein Teil der Natur und daher sei von der Natur zum Menschen hin zu denken.[42] Der Mensch ist nun mal derjenige, der mit seiner Lebensweise die Probleme geschaffen hat und er muss sich wandeln, um die Katastrophe noch abzuwenden. Von daher hat der Begriff des ökologischen Humanismus schon seine Berechtigung.

Norbert Weißmann: So klar und ethisch hochstehend das auch sein mag, wie will man ein solches Prinzip global umsetzen?

Christian Wilhelm: Das Prinzip der Nachhaltigkeit und die Sustainable Development Goals der UNO sind schon eine systematische Erweiterung der Menschenrechte. Man kann sie dann als eine erweiterte Gerechtigkeit verstehen, die auf dem ganzen Planeten und in die Zukunft verlängert gilt. In der ökosozialen Krise ist Umweltschutz gleich Menschenschutz und umgekehrt. Die humanistische Ethik muss sich im 21. Jahrhundert ökologisch verstehen und den Menschen als Teil der Natur begreifen. In diesem Sinne braucht es die Anerkennung der Rechte der Natur selbst, Tierrechte, das Existenzrecht von ganzen Ökosystemen, Naturschutzgebieten wie wir es oben schon diskutiert haben.

Norbert Weißmann: Ich komme noch einmal auf die Umsetzbarkeit zurück. Das braucht doch Akteure, die sich dafür einsetzen und diese neuen Menschenrechte nicht nur einklagen, sondern auch bereit sind, sie in den Gesellschaften weltweit einzuführen, auch wenn das mit persönlichen Einschränkungen verbunden ist. Sollten hier nicht die Weltreligionen eine entscheidende Rolle spielen?

Christian Wilhelm: Eine unübersehbare Vielzahl von alten und ganz jungen Organisationen setzt sich auf allen Kontinenten auf alle erdenklichen Weisen für das Überleben unseres Planeten ein. Leider ist es ihnen noch nicht gelungen, die Naturvernichtung und die immer noch ansteigenden Treibhausgasemissionen aufzuhalten. Aber der Anstieg wird langsamer, der Trend kehrt sich um. Das ist auch ihr Einfluss. Es ist zu hoffen, dass ihr Einfluss umso größer wird, je näher die öko-sozialen Kipppunkte in Reichweite geraten. Da sehr viele Menschen auf dem Planeten einer Glaubensgemeinschaft angehören, ist es die Aufgabe der religiösen Führer, die in ihrer jeweiligen Religion überlieferten Glaubenssätze und Traditionen aufzuspüren und zu propagieren, die eine nachhaltige Entwicklung befördern. Das könnte eine katalytische Wirkung haben.

Norbert Weißmann: Dies wäre ein ganz entscheidender Faktor, um die Mehrheit der Menschen für den Einstieg in einen weltweiten Transformationsprozess zu bewegen. Die Religionsgemeinschaften sollten ihre Anhänger zu je persönlichen Veränderungen im Verhalten und den Einstellungen motivieren. Und da kommen wir wieder auf das Problem zurück, dass im Innersten vieler Menschen ein Kampf zwischen zwei Polen tobt: Soll Freiheit beschränkt werden, um Klimaziele zu erreichen, oder ist nicht ohnehin alles schon zu spät? Soll ich mich einschränken, um an der Rettung der Welt mitzuwirken oder das Leben in vollen Zügen genießen, solange es noch geht?

Christian Wilhelm: Die Naturwissenschaften geben eine klare Antwort: Es ist noch nicht zu spät. Es gibt klare Hebel zur Rettung des Klimas, es fehlt nur am politischen Willen sowohl der Politiker als auch der tatsächlichen Bereitschaft der Wähler, sie konsequent umzulegen. Das 1,5-Grad-Ziel ist nicht mehr erreichbar, es wird zumindest vorrübergehend gerissen, aber der Kampf gegen jedes weitere Zehntel Grad Erwärmung lohnt sich. Die Energiegewinnung kann, wenn man die Prioritäten entsprechend setzt, zügig auf erneuerbare Methoden umgestellt werden, nicht unbedingt notwendige Emissionen können reduziert werden und es gibt natürliche, günstige Verfahren mit denen CO_2 aus der Atmosphäre entfernt werden kann: zum Beispiel Bewaldung, Wiedervernässung von Mooren, Erhöhung des Humusgehalts von Böden. Das alles müssen wir als Gemeinschaft wollen. Es braucht charismatische Politiker, die für diese Menschheitsaufgabe begeistern. Unsere Hoffnung muss sein, dass der Zug der Transformation immer mehr Fahrt aufnimmt: Bei einer gleichmäßigen Beschleunigung wächst die zurückgelegte Strecke mit der Zeit exponentiell im Quadrat an. Wir werden immer schneller, besser, je weiter wir bereits gekommen sind.

Norbert Weißmann: Das sagt der Naturwissenschaftler. Was sagt der Theologe den unschlüssigen Menschen?

Markus Vogt: Ich kann hier nur für den christlichen Glauben sprechen. Und hier gibt uns zunächst das in den Büchern Exodus und Deuteronomium gegebene erste Gebot des Dekalogs eine klare Weisung: »Du sollst neben mir keine anderen Götter haben«. Das bedeutet, dass wir keinen anderen Göttern huldigen sollen, dazu zählt auch, dass wir nicht in »Konsumtempeln« unmäßig prassen oder einem »Wachstumsglauben« anhängen sollen. Ziehen wir die Schöpfungsgeschichte der Genesis mit in Betracht, welche die Entstehung der Welt, so wie wir sie kennen, als Gottes Werk beschreibt, das er sehr gut geschaffen hat, dann impliziert die Achtung Gottes unmittelbar die Achtung der von ihm gestalteten Schöpfung. Dies kommt auch im Ruhegebot des Dekalogs zum Ausdruck: »Denn in sechs Tagen hat der HERR Himmel, Erde und Meer gemacht und alles, was dazugehört; am siebten Tag ruhte er«. Auch das Sabbatgebot lässt sich in mehrfacher Hinsicht nachhaltig auslegen: Gott ruht und lässt dabei die Schöpfung unbeeinflusst. So wie am Sabbat der Mensch, seine Kinder, Sklaven und Haustiere zur Ehre Gottes ruhen (und regenerieren) sollen, sollten auch wir die Schöpfung in dem Maße Ruhen oder sogar unberührt lassen, wie es für den dauerhaften Erhalt von Gottes Schöpfung nötig ist. Die 10 Gebote sind für die drei Abrahamitischen Religionen Judentum, Christentum und Islam gleichermaßen gültig.

Für das Christentum kommt noch das Liebesgebot hinzu. Als er nach dem wichtigsten Gebot gefragt wird, greift Jesus die zentralen Weisungen des Alten Testaments auf: »Das erste ist: Der Herr, unser Gott, ist der einzige Herr. Darum sollst du den Herrn, deinen Gott, lieben mit ganzem Herzen und ganzer Seele, mit deinem ganzen Denken und mit deiner ganzen Kraft. Als zweites kommt hinzu: Du sollst deinen Nächsten lieben wie dich selbst. Kein Gebot ist größer als diese beiden.« (Mk 12, 29–31). Das Liebesgebot Jesu blendet niemanden aus, sondern schließt alle ein, nicht nur diejenigen, mit denen ich verwandt bin, sondern wie das Gleichnis vom barmherzigen Samariter lehrt, auch die Menschen anderer Herkunft und anderen Glaubens. Der christliche Glaube fordert also Respekt gegenüber der Schöpfung und eine weltweite Solidarität angesichts der Herausforderungen der Zukunft. Ein einfaches »Weiter so« darf für Christen, aber auch für die Anhänger anderer Glaubensgemeinschaften, keine Option sein.

Norbert Weißmann: Die Bedrohung durch die Klimakrise ist bereits auf höchster Ebene im interreligiösen Dialog angekommen. Anlässlich der 28. Weltklimakonferenz trafen sich am 6. und 7. November 2023 28 Führer der Weltreligionen zum Global Faith Leaders Summit in den Vereinigten Arabischen Emiraten. In ihrer »Interreligiösen Erklärung von Abu Dhabi zum Klimawandel für die COP28« betonen sie die Dringlichkeit von Dialog und Handeln und unterstreichen die Notwendigkeit, dem Klimawandel mit Solidarität, Verantwortung und Hoffnung zu begegnen. Die Unterzeichnenden heben die Bedeutung von Wissenschaft und traditionellem Wissen sowie das Bekenntnis zu Menschenrechten hervor. Sie rufen eindringlich zu einem wertebasierten, ethischen und nachhaltigen Lebensstil auf und fordern

> »die Förderung des Übergangs zu erneuerbaren Energien und einen Paradigmenwechsel hin zu zirkulärem Denken. Die Erklärung appelliert an Regierungen, Unternehmen und Finanzinstitutionen, transformative Maßnahmen zu ergreifen und neue finanzielle Mechanismen für Verluste und Schäden zu schaffen, insbesondere für betroffene Regionen und vulnerable Gruppen«.[43]

Markus Vogt: Es würde sehr helfen, wenn Anhänger aller Religionen auf breiter Basis zu den Themen Klima und Biodiversität ins Gespräch kämen und sich der konkreten Umsetzung von Zielen widmen würden, auf die sich ihre Führer verpflichtet haben:

> »Eine Paradigmenverschiebung in unserer Beziehung zur Erde und all ihren Bewohnern zu fördern, um ein tiefes Gefühl der Ehrfurcht und Verantwortung zu entwickeln.
> Die Entwicklung einer auf Glauben basierenden ökologischen Erzählung, kontinuierliches Lernen und die Integration ökologischer Lehren und Werte in Bildungseinrichtungen, religiösen und kulturellen Institutionen zu stärken, um ein ganzheitliches Verständnis unserer Verbundenheit zu fördern.
> Aktiv an öffentlichen Diskussionen zu Umweltfragen teilzunehmen und unsere Gemeinden und Institutionen anzuleiten, widerstandsfähige und gerechte Gemeinschaften zu fördern.
> ...
> Mit Gemeinschaften, Regierungen, Einzelpersonen, Familien, Unternehmen und der gesamten Gesellschaft zusammenzuarbeiten, um unsere Verpflichtungen zu erfüllen und andere dazu zu inspirieren, dem zu folgen.«[44]

Die Ausführungen schließen mit der Feststellung, dass

> »Multiplexe globale Herausforderungen können... nur bewältigt werden [können], wenn wir, Menschen aller Glaubensgemeinschaften, zusammenarbeiten, um einen wirksamen Multilateralismus zur Bewältigung der dreifachen planetarischen Krise zu unterstützen.«

Es ist offensichtlich, dass Antworten für die Herausforderungen der Gegenwart aus den Überlieferungen aller Religionen extrahiert und bekannt gemacht werden müssen, um möglichst viele Menschen für diesen Transformationsprozess zu gewinnen.

Norbert Weißmann: Wie gehen religiös orientierte Menschen mit der Situation um, dass wir noch keinen klaren politischen Konsens über entschiedene Maßnahmen haben, an die alle gebunden sind?

Markus Vogt: Im Christentum gibt es das persönliche und gemeinsame Gebet und die Fürbitte als spezifische Handlungsoptionen, mit denen der gläubige Mensch seine Sorgen und Bitten vor Gott trägt. Ein spirituell geprägtes Leben mit einer Sensorik für die Transzendenz im täglichen Leben kann den Umgang mit der Klimakrise erträglicher machen. Und diese Erfahrungen kann der religiöse Mensch mit anderen teilen. Ansonsten unterscheidet sich das Verhalten des religiösen Menschen jedoch im Grunde nicht von dem nicht-religiöser Menschen. In einer repräsentativen Demokratie kommt sehr viel darauf an, in der Wahlkabine das Kreuzchen bei den Parteien, bzw. den Kandidatinnen und Kandidaten zu machen, die glaubhaft vermittelt haben, dass sie bereit sind, in ihren Fraktionen und den Parlamenten die nötigen Maßnahmen zu unterstützen oder umzusetzen. Die Rolle des bürgerschaftlichen Engagements haben wir bereits angesprochen. Ich denke dass im Verlauf unseres Gesprächs auch deutlich geworden ist, dass zumindest bestimmte, für viele zunächst vielleicht auch schmerzhafte Marktmechanismen wie eine schnell steigende CO_2-Steuer oder ein wirklich wirksamer Emissionshandel eingeführt werden müssen, damit der CO_2-Ausstoß durch die wichtigsten Verbraucher schnell reduziert wird. Solche Maßnahmen können nur dann durchgesetzt werden, wenn sie von den Menschen toleriert oder besser noch, begrüßt werden. Der religiöse Mensch kann, wenn er oder sie vom Gebot der Nächstenliebe und der Liebe zu Gottes Schöpfung überzeugt ist, diejenigen aktiv unterstützen, die entschiedene Maßnahmen für den Klimaschutz fordern und einführen.

Norbert Weißmann: Das sind Handlungsmöglichkeiten des einzelnen religiösen Menschen. Was können Gemeinden unternehmen?

Markus Vogt: Kirchengemeinden können die gesellschaftliche Diskussion über die Einschränkung von Freiheitsrechten des Individuums führen, darüber informieren wie wichtig es ist, das Verbrauchsverhalten hin zu nachhaltigen Produkten zu steuern. Sie sollten andererseits Freiheitseinschränkungen kritisch begleiten, die als staatliche Willkür erscheinen, denn die Regelungen und Gesetze sollten immer so ausgestaltet sein, dass sie als Beiträge zur innerstaatlichen Gerechtigkeit und Zukunftsvorsorge verstanden werden. So ist in den meisten Ländern der Erde den Menschen nicht erlaubt, schneller als eine national festgelegte Geschwindigkeit zu fahren. Denkbar ist auch, den individuellen CO_2-Ausstoß, zumindest bis zum Zeitpunkt des globalen Netto-Null-Ausstoßes, wie von Schellnhuber vorgeschlagen, auf ein Maß zu beschränken, das unsinniger Ressourcenverschwendung Einhalt gebietet. Es ist aus Gründen der gerechten Verteilung der Umweltlasten einfach nicht mehr vertretbar, ohne eine echte Klimakompensation für eine Woche in die Sonne zu fliegen und dabei 2 Tonnen CO_2 zu emittieren. Auch die Exzesse derer, die es sich leisten können, unbegrenzt das Klima zu belasten mit Yachten oder Reisen ins Weltall, sollten möglichst verhindert werden. Diese Fragen können von Kirchengemeinden in Bildungsveranstaltungen und Arbeitsgruppen adressiert werden. Auch sollten sie diese Themen in interkonfessionellen und interreligiösen Veranstaltungen aufgreifen.

Norbert Weißmann: Aber wenn die Erderwärmung nicht nur von Emissionen abhängt, sondern auch von der damit verbundenen Naturzerstörung wie zum Beispiel dem Artenverlust und dem Raubbau von nicht erneuerbaren Ressourcen, dann müssten diese Einschränkungen ja noch weiter gehen.

Christian Wilhelm: Ja, jedes Verhalten, was die ökologische Intaktheit unseres Planeten gefährdet, ist angefragt. So ist beispielsweise exzessiver Fleischkonsum in einer vollen Welt einfach nicht mehr zeitgemäß. Es stellt sich die Frage, wie sich der heute notwendige ökologische Humanismus in einem veränderten Verhaltenskanon darstellt. Es geht um ein gutes Leben für alle mit weniger Ressourcenverbrauch und ökologisch angepasster Wirtschaftsweise auf allen Ebenen: im persönlichen Lebensstil, wie auch in der Wirtschaft und in einem kooperativen sozialen Miteinander. Nur so können wir das menschenwürdige Überleben unserer Enkel und deren Nachfahren sichern. Auch mit diesen Fragen müssen sich die Religionen auseinandersetzen.

Norbert Weißmann: Kern der Suche nach einem zukunftsfähigen ethischen Kompass angesichts der Großen Transformation ist das Naturverhältnis unserer Zivilisation. Dabei bewertet die christliche Schöpfungstheologie die Natur als gut und bringt zusätzlich zur naturwissenschaftlichen und säkularen Sichtweise einen ethischen Gesichtspunkt ein. Der Schöpfungsglaube ist nicht einfach der verlängerte Arm ökologischer Imperative, sondern verweist auf die Erfahrung der Natur als Gabe und Geschenk, das sich der beliebigen Verfügbarkeit entzieht. Christliche Umweltethik fordert, die Natur, Tiere und Pflanzen nicht nur als Objekte wahrzunehmen, sondern als Mitgeschöpfe. Sie sind Akteure, die eigenständigen Zielen und Gesetzlichkeiten folgen, einen Eigenwert besitzen, und von denen der Mensch nicht beliebig Gebrauch machen kann. Aber braucht diese religiöse Einstellung nicht eine Brücke zu denen, die sich nicht religiös verstehen können?

Markus Vogt: Auf jeden Fall. Der ökologische Humanismus (siehe Kap. 4.7) kann eine solche Brücke darstellen. Sein Grundgedanke ist, dass der Mensch nur als Teil der Natur überlebensfähig ist. Er stellt die Rechte der Natur gleichwertig neben die Menschenrechte, denn nur mit der Natur ist der Mensch ein Mensch, bleiben die Menschenrechte für einen großen Teil der Menschheit erreichbar. Das Prinzip der Nachhaltigkeit und die Sustainable Development Goals der UNO sind eine systematische Erweiterung der Menschenrechte. Man kann sie dann als eine erweiterte Gerechtigkeit verstehen, die auf dem ganzen Planeten und in die Zukunft verlängert gilt. In der ökosozialen Krise ist Umweltschutz gleich Menschenschutz und umgekehrt. Die humanistische Ethik muss sich im 21. Jahrhundert ökologisch verstehen und den Menschen als Teil der Natur begreifen.

Norbert Weißmann: Aber diese neue humanistische Ethik müsste sich doch auch in den staatlichen Einrichtungen und im Recht niederschlagen, sonst bliebe sie nur Sonntagsrede.

Christian Wilhelm: In diesem Sinne braucht es die Anerkennung der Rechte der Natur selbst, der Tierrechte, des Existenzrechts von ganzen Ökosystemen und von Naturschutzgebieten. Bei der Frage der Einschränkung von Rechten ergibt sich damit eine Güterabwägung zwischen meiner Konsumfreiheit und den Lebensrechten anderer in der Zukunft. Das Recht auf den Besitz eines nicht existentiell wichtigen Luxusguts muss dann ins Verhältnis gesetzt werden zum existentiellen Grundrecht der jüngeren Menschen und dem zukünftiger Generationen.

Norbert Weißmann: Aber ist das kurzfristig Lustvolle gegen das langfristig Notwendige abwägbar? Rührt es nicht an den Grundlagen des demokratischen Grundverständnisses, wenn der Staat in so private Bereiche wie den Lebensstil eingreift?

Christian Wilhelm: Das ist zunächst ja auch richtig, nur so viel Staat wie nötig und nicht so viel Staat wie möglich zu fordern. Lassen Sie mich es an einem Beispiel erklären, wo die Grenzlinien für diese Abwägung liegen. Ist alles, was rechtlich erlaubt ist, auch moralisch richtig oder sogar akzeptabel? Es ist rechtlich erlaubt viel zu viel verderbliche Lebensmittel einzukaufen und sie dann massenhaft wegzuwerfen. Es bleibt auch erlaubt, wenn die Lebensmittelverschwendung nicht als Panne passiert, sondern bewusst in Kauf genommen wird, um zum Beispiel eine immer größere Essensauswahl zur Verfügung zu haben. In Zeiten der Hungersnot würde man das vermutlich durch eine Rationierung der Lebensmittel verhindern, also staatlich regulieren und die Mehrheit der Bevölkerung würde es richtig finden. Ersetzen wir in diesem Beispiel das Wegwerfen von Lebensmitteln durch Freizeitflugreisen wie beispielsweise einfach aus Spaß für eine Woche 8.000 Kilometer von Frankfurt nach Südafrika zu fliegen. Allein dieser Flug entspricht einem Viertel der Jahresemissionen eines in der EU lebenden Menschen und ist mehr als doppelt so viel wie einem Menschen als Budget bereitgestellt werden kann, um den Klimawandel aufzuhalten. Selbstverständlich ist das legal, es ist in den Augen der meisten, im Gegensatz zum Lebensmittelwegwerfen, sogar »normal« und wirtschaftlich erwünscht. Aber die Struktur des Unmoralischen ist ähnlich: Jemand nimmt von einem knappen und existentiellen Gut, dem globalen CO_2-Budget, mehr in Anspruch als er braucht und nimmt es anderen weg, die es bräuchten und nicht bekommen werden. Die andere ist in beiden Fällen keine identifizierbare Person und die Anonymität des Geschädigten erzeugt das Gefühl, dass es den Geschädigten gar nicht gibt. Das macht zwar den Geschädigten unsichtbar, aber um nichts weniger real. Unmoralisch ist das Verhalten auch deshalb in beiden Fällen, weil es klar gegen den kategorischen Imperativ verstößt: »Handle nur nach derjenigen Maxime, von der du wollen kannst, dass sie ein allgemeines Gesetz werde!« Wenn alle so wie der Lebensmittelverschwender und der Vielflieger handeln, ist es unvermeidbar, dass der Hunger zunimmt und die Klimakatastrophe unsere Kinder und Enkel, vielleicht sogar uns selbst, überrollen wird. Die eigene Freiheit endet dort, wo die des anderen anfängt. Diese Einstellungsänderung müssen wir von uns verlangen, auch wenn es schwerfällt.

Norbert Weißmann: Das ist natürlich ein drastisches Beispiel, das Fragen der politischen Umsetzbarkeit aufwirft. Gibt es nicht auch weniger drastische und damit positivere Beispiele?

Markus Vogt: Es wäre sehr viel gewonnen, wenn sich jede und jeder, ob gläubig oder Atheist, mit der Klimakrise rational auseinandersetzen und vor allem im Sinne des ökologischen Handabdrucks an seinen individuellen Handlungsoptionen arbeiten würde. Es muss für jeden, und da schließe ich mich selbst mit ein, darum gehen, dass er oder sie seine oder ihre Komfortzone verlässt. Den eigenen Erkenntnissen in Sachen Klimakrise sollten mutigere Handlungen folgen. Im Freundeskreis oder in der Kirchengemeinde kann man das unbequeme Thema Klima ansprechen und im freundlichen Dialog Handlungsoptionen aufzeigen. Im Beruf oder im Verein kann man auf eine fleischärmere Ernährung hinwirken. Als Architekt kann ich Kunden zu klimafreundlicheren Bauweisen raten, als Beamtin oder Verwaltungsangestellter auf umwelt- und klimafreundliche Fördermöglichkeiten hinweisen und Verfahren beschleunigen. Als Experte ist mir vielleicht sogar möglich, auf die Abschaffung veralteter Standards hinzuwirken. Wenn ich einen entsprechenden Experten kenne, kann ich ihn auf Missstände hinweisen und ihn darauf drängen, dass er sich in Fachgremien oder politisch für deren Beseitigung einsetzt. Der ökologische Handabdruck ist sehr viel größer als der ökologische Fußabdruck und es gibt so viele Möglichkeiten seines Einsatzes wie es Menschen gibt.

Norbert Weißmann: Glaubwürdig ist der ökologische Handabdruck vor allem dann, wenn auch das persönliche Verhalten, der eigene ökologische Fußabdruck zu den Forderungen passt, die man an andere stellt. Eigene Schwachheit darf aber keine Ausrede fürs Nichtstun sein, denn niemand ist perfekt. Also: Ziehen wir die Siebenmeilenstiefel an und reichen anderen die Hand.

Schluss

Norbert Weißmann: Wir sind nun am Ende des Gesprächs angelangt. Was würden Sie als Fazit dieses Austauschs den Lesern als Kernbotschaften mit auf den Weg geben.

Christian Wilhelm: Das Gespräch hat gezeigt, dass wir in einem intensiven Austausch lernen müssen, dass wir vom bisherigen Nutzungsmodell der Natur als beliebiger Verfügungsmasse, Rohstoffquelle und Abfallhalde wegkommen müssen. Das setzt nicht nur eine andere Technik und eine andere Ökonomie voraus, sondern auch eine neue Ethik. Die Umstellung der Vorstellung von einem reichen Leben, hin zu der von einem guten Leben (Buen Vivir) verlangt von uns eine enorme geistige Anstrengung und die Bereitschaft zur Veränderung. Wenn wir so leben möchten, dass alle Menschen, auch zukünftige Generationen, in Würde leben können, müssen wir die gegenwärtigen Denkmuster verändern und buchstäblich neue Wege einschlagen. Wir fassen dies in kurzen abschließenden Punkten zusammen, die wir unseren Lesenden auf den Weg mitgeben wollen:

1. Der Klimawandel ist real, menschengemacht und bedrohlich.
2. Die beginnende Klimakrise verlangt schnelles gemeinschaftliches Handeln, sonst steuert die menschliche Zivilisation in die Klimakatastrophe.
3. Der Klimawandel verändert das Ökosystem Erde irreversibel. Verlorene Gletscher, Kulturlandschaften, Regenwälder, Savannen, Korallenriffe und ausgestorbene Arten werden zukünftige Generationen auch in einer »Erholungsphase der Erde« nicht mehr zurückbekommen.
4. Wir brauchen ein neues Verständnis für den Umgang mit Allgemeingütern (Allmende) wie Luft, Boden, Wasser, Na-

tur. Sie sind nicht einfach da, und sie sind knapp. Ohne gerechte Verteilung lässt sich die sich immer schneller öffnende Schere zwischen Armut und unermesslichem Reichtum nicht schließen.

5. Die Gefahr für unseren Planeten geht nicht nur von den schädlichen Treibhausgasemissionen aus, sondern auch vom Verbrauch und der Zerstörung von Landschaften und dem sich aus all dem ergebenden Verlust an Biodiversität. Diese Ursachen gefährden in erkennbarem Zeithorizont die globale Nahrungssicherheit und erhöhen die Gefahr von Pandemien.
6. Für die Bewältigung der Krise gibt es nicht die eine Superlösung, sondern es müssen alle verfügbaren Methoden gleichzeitig zum Einsatz kommen: Energiewende (zum Beispiel[1] Elektromobilität, Wasserstoffwirtschaft), Verzicht (weniger Mobilität), Umstellung der Lebensweise (vegane statt Fleisch-basierte Ernährung), natürliche Lösungen (Moore wieder vernässen, Erweiterung Naturschutzgebiete), technische Lösungen (CCS bei unvermeidlichen Prozessen wie Zementherstellung, Kohlenstoffbindung an Gesteinsmehle), wirtschaftspolitische Methoden (Emissionshandel, CO_2-Bepreisung) und nicht zuletzt einen Wandel in unserem Selbst- und Naturverständnis, die in einem neuen solidarischen, nachhaltigen und regenerativen Lebensstil münden.
7. Gerechtigkeit ist nicht ohne Klimaschutz, Klimaschutz ist nicht ohne Gerechtigkeit möglich, sowohl in Bezug auf die Armen und Klimaflüchtlinge heute als auch auf die Lebewesen der kommenden Generationen. Weil der intakte Planet eine Grundvoraussetzung für menschenwürdiges Leben ist, ist in Zukunft ohne Klimaschutz »alles nichts«.
8. Wenn sich Gott in der Natur zeigt (Naturrechtsethik), dann ist die Zerstörung der Erde für den Christen ein Verstoß ge-

gen Gottes Wille, für den Humanisten ist sie ein inhumaner Akt.

9. Die Religionen müssen ihren oft allgemein gefassten Appellen zu mehr Klimaschutz sichtbare, glaubwürdige eigene Handlungen und konkrete Handlungsempfehlungen für ihre Gläubigen folgen lassen. Nur dann helfen sie beim Überwinden der mentalen Widerstände und leisten einen unverzichtbaren Beitrag zum Schutz des Klimas, der Biodiversität und der Verhinderung von Pandemien.
10. Klimagerechtes Handeln entwickelt sich kontinuierlich weiter und ist vielfältig: Praktizieren eines nachhaltigen Lebensstils (Optimierung des ökologischen Fußabdrucks) sowie die aktive Gestaltung des Lebensumfelds durch Motivation der Mitmenschen, Einbringung innovativer Ideen und die aktive Unterstützung der politischen Kräfte, die sich für eine Transformation einsetzen (Optimierung des ökologischen Handabdrucks).
11. Transformation ist einerseits unvermeidlich, zugleich aber auch eine große Chance und spannend. Sie kann nur im Dialog aller gesellschaftlichen Strömungen gelingen, angefangen in den Kommunen bei der Planung und Umsetzung konkreter Maßnahmen des Klimaschutzes und der Klimaanpassung, in Regionen und Staaten bei der Verabschiedung der handlungsleitenden Gesetzgebung bis hin zu internationalen Organisationen, die die Umsetzung von verbindlich vereinbarten Maßnahmen steuern, koordinieren und kontrollieren. Jede und jeder sollte sich nach seinen Interessen und Fähigkeiten in solche Konsultationsprozesse persönlich einbringen.
12. Das Meistern der Dreifachkrise (Klimaschutz, Biodiversitätsverlust, Pandemien) ist nicht gegeneinander, sondern nur miteinander möglich.

All das wird nur gelingen, wenn wir statt mit Angst voll Hoffnung leben. So wie wir hoffen, dass unser Team gewinnt und »wir« Fußballweltmeister*innen oder Olympiasieger*innen werden, so freuen wir uns auf die Zeit, wenn wir wieder weniger Hitzetote beklagen, oder wir jubeln wieder über sichere und reiche Ernten und dass alle satt werden.

Anmerkungen

Was ist an unserer Situation so neu?

1 Paul J. Crutzen: Geology of Mankind. In: Nature 415/2002, S. 23 (eigene Übersetzung).

2 Daten aus: Smil, Vaclav (2024): Zahlen lügen nicht. 71 Geschichten, um die Welt besser zu verstehen, C.H. Beck.

3 Kolbert, Elisabeth (2015): The Sixth Extinction. An Unnatural History, Picador.

4 Settle, Josef (2020): Die Triple-Krise, Edel Books.

5 co2online. https://www.co2online.de/klima-schuetzen/klimawandel/co2-ausstoss-der-laender/ [zuletzt aufgerufen am 11.09.2024].

6 Statista. https://de.statista.com/statistik/daten/studie/167877/umfrage/co-emissionen-nach-laendern-je-einwohner/ [zuletzt aufgerufen am 11.09.2024].

7 Spiegel. https://www.spiegel.de/wirtschaft/soziales/neuseeland-schraenkt-hauskauf-von-auslaendern-ein-a-1223260.html [zuletzt aufgerufen am 11.09.2024].

8 agrarheute. https://www.agrarheute.com/management/recht/vorkaufsrecht-immer-staerker-genutzt-478416 [zuletzt aufgerufen am 11.09.2024].

9 Blume, Michael (2015): Wie das schwarze Gold Politik, Wirtschaft und Religionen vergiftet, sciebooks / Spektrum, BOD.

10 Deutsche Welle. https://www.dw.com/de/welcher-co2-preis-ist-fair-co2-steuer-co2-abgabe-deutschland/a-48593494 [zuletzt aufgerufen am 11.09.2024].

11 Club of Rome (2022): Earth for all, oekom verlag, S. 180 ff.

12 World Bank Group (2019): State and Trends of Carbon Pricing Report 2019. Washington D. C., https://openknowledge.worldbank.org/handle/10986/31755. In: Club of Rome (2022), S. 181.

13 Mehleb, Rimel, Kallis, Giorgos, Zografos, Christos (2021): A discourse analysis of yellow-vest resistance against carbon taxes. In Environmental Innovation and Societal Transitions. 40, S. 382–394. https://doi.org/10.1016/J.EIST.2021.08.005. In: Club of Rome (2022), S. 181.

14 United Nations Development Programme. https://www.undp.org/press-releases/80-percent-people-globally-want-stronger-climate-action-governments-according-un-development-programme-survey [zuletzt aufgerufen am 11.09.2024].
Die Umfrage wurde im Auftrag des UN-Entwicklungsprogramms (UNDP) in

Zusammenarbeit mit der Universität Oxford (UK) und GeoPoll durchgeführt. Die 77 befragten Länder repräsentieren 87 Prozent der Weltbevölkerung.

15 Peoples' Climate Vote. https://peoplesclimate.vote/country-results [zuletzt aufgerufen am 11.09.2024].

16 Götze, Susanne; Joeres, Annika (2022): Die Klimaschmutzlobby, Piper.

17 Tagesschau. https://www.tagesschau.de/wissen/klima/groenland-eisschmelze-klimaerwaermung-101.html [zuletzt aufgerufen am 11.09.2024].

18 DeWikiMan, based upong fig. 1a) of Pages2K (2019), https://doi.org/10.1038/s41561-019-0400-0– Eigenes Werk.

19 Deutsches Klimarechenzentrum Hamburg. https://www.dkrz.de/de/kommunikation/klimasimulationen/cmip6-de/das-modell [zuletzt aufgerufen am 11.09.2024].

20 Peoples' Climate Vote. https://peoplesclimate.vote/country-results [zuletzt aufgerufen am 11.09.2024].

21 Forschungsinstitut für Nachhaltigkeit Helmholtz-Zentrum Potsdam. https://www.rifs-potsdam.de/de/news/was-steckt-hinter-transdisziplinaerer-forschung [zuletzt aufgerufen am 11.09.2024].

Warum ist die Erderhitzung eine Katastrophe?

1 Burkemann, Oliver (2003): Memo exposes Bush's new green strategy, in: The Guardian, 3rd March.

2 Klimafakten. https://www.klimafakten.de/kommunikation/klimawandel-oder-klimakrise-was-sind-angemessene-begriffe-bei-der-klima [zuletzt aufgerufen am 11.09.2024].

3 Settele, Josef (2022): Die Triple-Krise, Edel Books.

4 Isbell, Forest; Craven, Dylen; Connolly, John et al. (2015): Biodiversity increases the resistance of ecosystem productivity to climate extremes, in: Nature 526, S. 574–577.

5 Scheub, Ute; Schwarzer, Stefan (2023): Aufbäumen gegen die Dürre, oekom verlag.

6 Settele, Josef (2022): Die Triple-Krise, Edel Books.

7 Wikipedia. https://de.wikipedia.org/wiki/Insekten [zuletzt aufgerufen am 11.09.2024].

8 Norton, Trevor; Melkonian, Michael; Andersen, Robert (1996): Algal biodiversity, in: Phycologia, 35, S. 308–326.

9 Lenton, Timothy; Held, Hermann; Kriegler, Elmar; Schellnhuber, Hans Joachim (2008): Tipping elements in the Earth´s climate System, in: PNAS, 105 (6), S. 1786–1793.

10 Spiegel. https://www.spiegel.de/wissenschaft/natur/klimakrise-steht-der-nordatlantik-vor-dem-kipppunkt-a-25864362-03d3-4907-8300-18e74fc9e8a0 [zuletzt aufgerufen am 11.09.2024].

11 Ökosystem Erde. https://www.oekosystem-erde.de/html/ueberfischung.html [zuletzt aufgerufen am 11.09.2024].

12 Das ENSO-Phänomen. https://www.enso.info/fischwelt.html#auftriebswaesser [zuletzt aufgerufen am 11.09.2024].

13 Correctiv. https://correctiv.org/faktencheck/2023/05/31/doch-das-ahrtal-bekommt-geld-fuer-den-wiederaufbau-von-der-bundesregierung/ [zuletzt aufgerufen am 11.09.2024].

14 Meyrer, Jörg (2022): Zusammenhalten, Bonifatius Verlag.

15 Umweltbundesamt. https://www.umweltbundesamt.de/daten/umweltindikatoren/indikator-heisse-tage#die-wichtigsten-fakten [zuletzt aufgerufen am 11.09.2024].

16 Weitere Informationen unter www.Zentrum-Klimaanpassung.de

17 SDG-Portal. https://lmy.de/AftKW [zuletzt aufgerufen am 11.09.2024].

18 Stiftung für die Rechte zukünftiger Generationen. https://Generationengerechtigkeit.info [zuletzt aufgerufen am 11.09.2024].

19 Germanwatch. https://www.germanwatch.org/de/88114 [zuletzt aufgerufen am 11.09.2024].

20 Becker Büttner Held. https://www.bbh-blog.de/alle-themen/energie/niederlaendisches-gericht-verpflichtet-shell-zur-co2-minderung/ [zuletzt aufgerufen am 11.09.2024].

21 Blume, Michael (2015): Wie das schwarze Gold Politik, Wirtschaft und Religionen vergiftet, sciebooks / Spektrum (BOD).

22 Böckenförde, Ernst-Wolfgang (1976): Staat, Gesellschaft, Freiheit. Studien zur Staatstheorie und zum Verfassungsrecht, in: Suhrkamp-Taschenbücher Wissenschaft, Band 163, S. 112 f.

Wie müssen wir unser Verhältnis zur Natur neu bestimmen?

1 Papst Franziskus (2015): Laudato Si, Nr. 2.

2 Ebd., *Nr. 16.42.91.117.138.240.*

3 Horn, Eva (2018): Leben in einer beschädigten Welt. Das Denken im Anthropozän und die Enzyklika Laudato si‘, in: Bertelmann, Brigitte; Heidel, Klaus (Hrsg.), S. 68.

4 Ebd, S. 71.

5 Ebd., S.71 f.

6 Ebd., S. 72.

7 Jonas, Hans (1984): Das Prinzip Verantwortung. Versuch einer Ethik für die technologische Zivilisation, 5. Aufl., Frankfurt, 36. Dieser Satz wurde 2003 zum zehnjährigen Todestag von Hans Jonas auf einer 2,20 €-Briefmarke popularisiert.

8 DBK [Deutsche Bischofskonferenz] – Kommission für gesellschaftliche und soziale Fragen sowie Kommission Weltkirche (2007): Der Klimawandel. Brennpunkt globaler intergenerationeller und ökologischer Gerechtigkeit (Kommissionstexte 29), 2. Aufl., Bonn.

9 Kersten, Jens (2022): Das ökologische Grundgesetz, C.H. Beck, München.

10 White, Lynn (1967): The Historical Roots of our Ecological Crisis, in: SCIENCE 155, S. 1203–1207.

11 Die wohl bekannteste Rezeption und substantielle Weiterentwicklung der Thesen von Lynn White im deutschen Sprachraum hat der bayerische, katholische Schriftsteller Carl Amery unter dem provokanten Titel »Das Ende der Vorsehung. Die gnadenlosen Folgen des Christentums« veröffentlicht (Amery, Rowohlt 1972).

12 Klages, Ludwig (1913/1993): Mensch und Erde, Stuttgart, 1–25, hier 19 f.

13 Fromm, Erich (2005): Haben oder Sein, DTV Taschenbuch. Und er ergänzt zu obigem Zitat: »Ich sage aber auch, so lange noch in Fragen des Lebens eine kleine Chance besteht – sagen wir von ein oder zwei Prozent – so lange darf man nicht aufgeben.«

14 Hardmeier, Christof; Ott, Konrad (2015): Naturethik und biblische Schöpfungserzählungen. Ein diskurstheoretischer und narrativ-hermeneutischer Brückenschlag, Stuttgart, S.40–43.

15 Ebd., 44; vgl. 166f.; vgl. Amery, Carl: Das Ende der Vorsehung. Die gnadenlosen Folgen des Christentums. Rowohlt 1972, 191–205.

16 Im Jahr 2021 gab es in Deutschland ungefähr 16,62 Millionen Einpersonenhaushalte, Großstädte bestehen vornehmlich aus Singlehaushalten, in Berlin sind es beispielsweise laut Eurostat mehr als 55 Prozent.

17 Mietshäuser Syndikat. https://www.syndikat.org/ [zuletzt aufgerufen am 11.09.2024].

18 Ebd.

19 Share City. https://sharecity.ie/ [zuletzt aufgerufen am 11.09.2024].

20 z. B. https://www.nebendran.de

21 ARD Mediathek. https://www.ardmediathek.de/video/wir-koennen-auch-anders/folge-1-besser-unterwegs-s01-e01/swr/Y3JpZDovL3N3ci5kZS9hZXgvbzE4MjQ5MjM [zuletzt aufgerufen am 11.09.2024].

22 Götze, Susanne; Joeres, Annika (2022): Die Klimaschmutzlobby, Piper.

23 Meadows, Dennis; Meadows, Conella; Zahn, Erich; Milling, Peter (1972): Die Grenzen des Wachstums Bericht des Club of Rome zur Lage der Menschheit. Übersetzung: Hans-Dieter Heck, Deutsche Verlagsanstalt, Stuttgart.

24 Degrowth. https://degrowth.info/de/degrowth-de [zuletzt aufgerufen am 11.09.2024].

25 Nelson, Anitra; Liegey, Vincent (2022): These Technologies Help You Live Lightly on a Fragile Planet Ecologically and socially friendly «convivial technologies" help Earth and us, in: SCIENTIFIC AMERICAN, Oct, https://www.scientificamerican.com/article/these-technologies-help-you-live-lightly-on-a-fragile-planet/ [zuletzt aufgerufen am 11.09.2024].

26 Paech, Niko (2012): Die Befreiung vom Überfluss, oekom verlag.

27 Ebd.

28 Göpel, Maja (2021): Unsere Welt neu Denken, Ullstein.

29 Ebd.

30 Ebd.

31 Ebd.

32 Vogt, Markus (2023): Evolutionäre Schöpfung. Staunen – Danken – Bewahren. Vortrag beim Dachauer Forum e.V. https://www.dachauer-forum.de/wp-content/uploads/2023/11/Evolutionaere-Schoepfung_Vogt-27-11-2023.pdf [zuletzt aufgerufen am 11.09.2024].

33 Podium zum Thema »Bionik für bessere Technologien«, https://www.podcast.de/episode/624108101/podium-zum -thema-bionik-fuer-bessere-technologien [zuletzt aufgerufen am 11.09.2024].

34 Göpel, Maja: Unsere Welt neu denken. Ullstein, 2021.

35 Hier zitiert nach dem Jugendkatechismus der Katholischen Kirche, hrsg. v. der Österreichischen Bischofskonferenz, Wien, 2010, Nr. 57.

36 Vgl. hierzu aus entwicklungspolitischer Sicht mit dem schönen Titel »Religion matters«: Stierle, Wolfram (2018): Spirit Matters. Zur Bedeutung von Werten und Religion für eine nachhaltige Entwicklung, in: Bertelmann, Brigitte; Heidel, Klaus (Hrsg.): Leben im Anthropozän. Christliche Perspektiven für eine Kultur der Nachhaltigkeit, München, S. 189–201.

37 Putz, Oliver (2018): Herausforderungen im Anthropozän. Christlicher Glaube und die Große Transformation zu mehr Nachhaltigkeit, in: Bertelmann, Brigitte; Heidel, Klaus (Hrsg.), S. 53–64, hier S. 62.

38 Wikipedia. https://de.wikipedia.org/wiki/Hoffnung

Auswege aus dem drohenden Unheil

1 Dohm, Lea; Schulze, Mareike (2022): Klimagefühle – Wie wir an der Umweltkrise wachsen statt zu verzweifeln, Knaur.

2 United Nations Climate Change. https://unfccc.int/climate-action/events/about-the-marrakech-partnership?gad_source=1&gclid=EAIaIQobChMIxZqbqILXiAMVrahoCR2p4glhEAAYASAAEgLrh_D_BwE [zuletzt aufgerufen am 25.09.2024].

3 United Nations Climate Change. https://unfccc.int/climate-action/events/about-the-marrakech-partnership?gad_source=1&gclid=EAIaIQobChMIxZqbqILXiAMVrahoCR2p4glhEAAYASAAEgLrh_D_BwE [zuletzt aufgerufen am 25.09.2024].

4 Ebd.

5 Lebensmittelklarheit. https://www.lebensmittelklarheit.de/news/urteil-dm-darf-nicht-mit-klimaneutral-werben [zuletzt aufgerufen am 11.09.2024].

6 MyClimate. https://germany.myclimate.org/de/flight_calculators [zuletzt aufgerufen am 11.09.2024].

7 Thomas Brudermann (CC_BY_ND) Aus: Brudermann, Thomas (2022): Die Kunst der Ausrede, oekom.

8 Ebd.

9 Regionales Informationszentrum der Vereinten Nationen. https://unric.org/de/17ziele/sdg-13/ [zuletzt aufgerufen am 11.09.2024].

10 Vereinte Nationen. https://www.un.org/sustainabledevelopment/ [zuletzt aufgerufen am 11.09.2024]. *The content of this publication has not been approved by the United Nations and does not reflect the views of the United Nations or its officials or Member States.*

11 Mercator Research Institute on Global Commons and Climate Change. https://www.mcc-berlin.net/forschung/co2-budget.html [zuletzt aufgerufen am 11.09.2024].

12 Lamboll, Robin; Zebedee, R. J. Nicholls; Smith, Christopher J. et al. (2023): Assessing the size and uncertainty of remaining carbon budgets, in: Nature Climate Change, 13, S. 1360–1367.

13 Bayerischer Rundfunk. https://www.br.de/nachrichten/wissen/ein-festes-co2-budget-pro-kopf-wie-ginge-das,TTO03yy [zuletzt aufgerufen am 11.09.2024].

14 Oxfam. https://www.oxfam.de/ueber-uns/aktuelles/klimawandel-ungleichheit-reichste-1-prozent-schaedigt-klima-doppelt-so-stark [zuletzt aufgerufen am 11.09.2024].

15 Sustainable Development Goals Action Campaign. https://sdgactioncampaign.org/ [zuletzt aufgerufen am 11.09.2024].

16 Dohm, Lea; Schulze, Mareike (2022): Klimagefühle – Wie wir an der Umweltkrise wachsen statt zu verzweifeln, Knaur.

17 MaLisa Stiftung. https://malisastiftung.org/klimawandel-und-biodiversitaet-im-tv/ [zuletzt aufgerufen am 11.09.2024].

18 Neverla, Irene; Hoppe, Imke (2023): Klimawandel und Biodiversität: Was zeigt das Fernsehen – Was wollen die Zuschauer*innen? Studie der LMU München in Kooperation mit dem Fraunhofer-Institut für Digitale Medientechnologie. https://malisastiftung.org/wp-content/uploads/KlimaBiodivImTV_Studie_24.10.23.pdf

19 ARD Mediathek. https://www.ardmediathek.de/video/wir-koennen-auch-anders/trailer-wir-koennen-auch-anders-s01-e00/swr/Y3JpZDovL3N3ci5kZS9hZXgvbzE4MjE0OTQ [zuletzt aufgerufen am 11.09.2024].

20 Freidel, Morton (2024): So rettet ihr das Klima nicht, Piper.

21 Schellnhuber, Hans-Joachim (2023): Bauhaus für die Erde. Nachhaltige Nutzung von Holz im Bausektor, in: Wiegandt, Klaus (Hrsg.) (2023): 3 Grad mehr, oekom verlag.

22 Bundeszentrale für politische Bildung. https://www.bpb.de/kurz-knapp/zahlen-und-fakten/globalisierung/52727/jaehrliche-aenderung-der-waldbestaende/ [zuletzt aufgerufen am 11.09.2024].

23 Soussana, Jean-François; Lutfalla, Susanne; Ehrhardt, Fiona et al. (2019): Matching policy and science: Rationale for the '4 per 1000 – soils for food, in: Soil & Tillach Research, 180, S. 3–15.

24 Goll, Daniel; Ciais, Philippe; Amann, Thorben et al. (2021): Potential CO_2 removal from enhanced weathering by ecosystem responses to powdered rock, in: Nature Geoscience, 14, S. 545–549.

25 Kissinger, Gabrielle; Herold, Martin; de Sy, Veronique (2022): Drivers of Deforestation and Forest Degradation: A Synthesis Report for REDD+ Policymakers Lexeme Consulting, Vancouver Canada.
Forest Carbon Partnership Facility. www.forestcarbonpartnership.org/sites/fcp/files/DriversOfDeforestation.pdf_N_S.pdf [zuletzt aufgerufen am 11.09.2024].
WWF (2018 a): Die schwindenden Wälder der Welt. Zustand, Trends und Lösungswege. www.wwf.de/fileadmin/user_upload/WWFWaldbericht-2018.pdf [zuletzt aufgerufen am 11.09.2024].

26 Proportionen der Weltbevölkerung. http://pdwb.de/nd02.htm [zuletzt aufgerufen am 11.09.2024].

27 Seppelt, Ralf; Klotz, Stefan; Peiter, Edgar et al. (2023): Landwirtschaft in einer heißen Welt. Warum Effizienzsteigerungen nicht ausreichen, um unsere Ernährung zu sichern; in: K. Wiegandt (Hrsg.): 3 Grad mehr, oekom verlag, 2023.

28 WWF (Hrsg., 2020): Living Planet Report 2020 – Bending the curve of biodiversity loss. Gland/Schweiz.

29 Kummu, Matti; Heino, Matias; Taka Maija et al. (2021): Climate change risks pushing one-third of global food production outside the safe climatic space, in: One Earth, 4, S. 720–729.

30 Schwarzer, Stefan & Schmidt, Hans Peter (2023): Humusanreicherung in Böden. Die vielen Wege der regenerativen Landwirtschaft, in: K. Wiegandt (Hrsg.): 3 Grad mehr, oekom verlag.

31 Machmuller, Megan; Kramer, Marc; Cyle, Taylor (2015): Emerging land use practices rapidly increase soil organic matter, in: Nature Communications, 6, article number 6995.

32 Griscom, Bronson; Adams, Justin; Ellis, Peter et al (2017): Natural Climate solutions, in: PNAS, 7, S. 11645–11650.

33 Shi, Lingling; Feng, Wenting; Xu, Jianchu; Kuzyakov, Yakov (2018): Agroforestry systems: Meta-analysis of soil carbon stocks, sequestration processes, and future potentials, in: Land Degradation & Development, 29, S. 3886–3897.

34 Germanwatch. https://www.germanwatch.org/de/handprint [zuletzt aufgerufen am 11.09.2024].

35 Hier wird angenommen, dass eine Fleischmahlzeit circa 150 Gramm Schweinefleisch enthält, 250 Mitarbeiter in 40 Wochen pro Jahr die Kantine nutzen und der CO_2-Fußabdruck bei 3,5 Kilogramm CO_2 pro Kilogramm Schweinefleisch liegt.

36 Deutsches Klima Konsortium. https://www.deutsches-klima-konsortium.de/de/ipcc-ar6/uebersicht-ar6.html?gad_source=1&gclid=EAIaIQobChMIuuSVmf7WiAMVBkdBAh0pCB0oEAAYASAAEgKgnfD_BwE [zuletzt aufgerufen am 25.09.2024].

37 Andre, Peter; Boneva, Teodora; Chopra, Felix; Falk, Armin (2024): Globally representative evidence on the actual and perceived support for climate action, in: NATURE CLIMATE CHANGE 14, S. 253–259. Laut dieser Studie würden in Deutschland und der Schweiz 68 Prozent der Befragten 1 Prozent ihres Einkommens für den Klimaschutz abgeben (Österreich: 73 Prozent). Aber die Befragten trauen nur 43 Prozent ihrer Mitbürger zu, dass sie bereit wären, für das Klima auf einen Teil ihres Einkommens zu verzichten.

38 Thünen Institut. https://www.thuenen.de/de/fachinstitute/oekologischer-landbau/arbeitsgruppen/arbeitsgruppe-ressourceneffizienz/kohlenstoffspeicher-boden-geschaeftsmodelle-fuer-den-klimaschutz [zuletzt aufgerufen am 11.09.2024].

39 Klima im Kopf – Der Psychologists for Future Podcast. https://klimaimkopf.podigee.io/33-oekopsychologie [zuletzt aufgerufen am 11.09.2024].

40 Enzyklika Populorium progressio, 1967, https://www.vatican.va/content/paul-vi/de/encyclicals/documents/hf_p-vi_enc_26031967_populorum.html [zuletzt aufgerufen am 11.09.2023].

41 Sommer, Jörg; Ibisch, Pierre (2022): Das Ökohumanistische Manifest – unsere Zukunft in der Natur, Hirzel Verlag.

42 Ebd., S. 157.

43 COP 28. https://www.cop28.com/en/news/2023/12/World-religious-leaders-come-together-to-mark-inauguration [zuletzt aufgerufen am 11.09.2024].

44 Ebd.

Schluss

1 Alle unter diesem Punkt in Klammern aufgeführten Vorschläge sind nicht ausschließlich, sondern als Beispiele zu verstehen.

Die Autoren

© Christian Wilhelm

Christian Wilhelm ist Seniorprofessor für Algenbiotechnologie an der Universität Leipzig. Zuvor war er Professor für Pflanzenphysiologie, Direktor des Sächsischen Instituts für Angewandte Biotechnologie, Editor in Chief des Journal of Plant Physiology und Gutachter für nationale und internationale Forschungseinrichtungen auf dem Gebiet der Ökophysiologie der Pflanzen.

Affiliation für die Open Access Förderung der Universitätsbibliothek Leipzig:

SenProf Dr. Christian Wilhelm, Universität Leipzig, Fakultät für Lebenswissenschaften, Institut für Biologie, Seniorprofessur für Algenbiotechnologie und Deutsches Zentrum für integrative Biodiversitätsforschung Halle-Jena-Leipzig

Markus Vogt ist Professor für Christliche Sozialethik an der Katholisch-Theologischen Fakultät der Ludwig-Maximilians-Universität München. Er ist u. a. Mitgründer und Sprecher des Münchner Zentrums für Nachhaltigkeit, Mitglied des Sachverständigenrates für Bioökonomie Bayern sowie der ökologischen Arbeitsgruppe der Deutschen Bischofskonferenz und Moderator der Reihe »Wissenschaft für jedermann« im Deutschen Museum.

Norbert Weißmann studierte nach einer kaufmännischen Ausbildung Biologie und Chemie an der Universität in Mainz. Nach der Promotion arbeitete er als Forscher und Berater in der chemischen Industrie. Im Un-Ruhestand initiiert er Projekte zur kommunalen Klimaanpassung in der Hunsrück-Nahe-Region.

Danksagung

Wir bedanken uns bei:

- Dem Open-Access-Publikationsfonds der Universität Leipzig für die finanzielle Unterstützung der Open Access Publikation.
- E. U. v. Weizsäcker für die Erstellung des Vorwortes.
- Den vielen Gesprächspartner*innen, die uns auf dem Weg der Publikation begleitet haben.

Klima geht uns alle an!

»Richtig« übers Klima zu sprechen ist gar nicht so einfach. Vor allem, wenn man zum Handeln motivieren will, egal ob in der Politik oder der Zivilgesellschaft, in Wissenschaft oder Medien. Dieses Handbuch hilft, den richtigen Kommunikationsansatz für die jeweilige Zielgruppe zu wählen, stellt Methoden vor und bietet Tipps für schwierige Situationen.

C. Schrader, www.klimafakten.de (Hrsg.)

Über Klima sprechen

Das Handbuch
416 Seiten, Klappenbroschur, vierfarbig mit Grafiken, 34 Euro
ISBN 978-3-96238-374-9
Auch als E-Book erhältlich

Worte schaffen Taten

Worte können die Welt verändern, weil sie unser Denken prägen. Das gilt besonders für komplexe Angelegenheiten wie die Klimakrise, bei der uns Schuldzusprüche und Angstvisionen geradezu lähmen, sagt Kommunikationsexperte Michael Adler. Das Buch entwirft eine positive Klimasprache und zeigt, wie lebensfrohe Zukunftsvisionen Menschen zum Handeln bewegen.

M. Adler

Klimaschutz ist Menschenschutz

Warum wir über die Klimakrise anders sprechen müssen
204 Seiten, Klappenbroschur, 24 Euro
ISBN 978-3-96238-391-6
Auch als E-Book erhältlich

DIE GUTEN SEITEN DER ZUKUNFT oekom

Die Weichen richtig stellen

Heutige Großeltern haben es in der Hand, die politischen Weichen entschlossen in Richtung Klimawende zu stellen – für ihre Kinder und Enkel. Dazu will der Autor und Großvater Achim Bubenzer motivieren: unterhaltsam gewürzt mit persönlichen Anekdoten, selbstkritisch und humorvoll.

A. Bubenzer

Opa, Du hast es doch gewusst!
Antworten und Einsichten eines Großvaters zum Klimawandel
160 Seiten, Broschur, 19 Euro
ISBN 978-3-98726-113-8
Auch als E-Book erhältlich

Mit Spiritualität gegen den Klimawandel

Trotz Klimawandel ist eine gute Zukunft für alle Menschen möglich. Doch Appelle mit nüchternen Fakten bewirken wenig, erst durch Emotionen verändern Menschen ihr Verhalten. Religionen setzen hier an und motivieren, mit Herz und Verstand an der Welt von morgen zu bauen. Das Buch lädt zu einer spirituellen Entdeckungstour ein, begleitet von ökonomischen und gesellschaftlichen Analysen, die politische Perspektiven und konkrete Handlungsmöglichkeiten aufzeigen.

G. Banzhaf

So entsteht Zukunft
Spirituelle Ressourcen, philosophische Reflexionen,
politische Perspektiven
176 Seiten, Broschur, 20 Euro
ISBN 978-3-96238-315-2
Auch als E-Book erhältlich

DIE GUTEN SEITEN DER ZUKUNFT oekom